2021 年度河北省社会科学发展研究课题《后疫情时代下的旅游网络舆情影响因素与作用机制研究》，项目类别：一般课题，课题编号：20210201216

智慧旅游背景下旅游管理新方向

郝彦革　杨新春　著

吉林人民出版社

图书在版编目 (CIP) 数据

智慧旅游背景下旅游管理新方向 / 郝彦革 , 杨新春
著 . -- 长春 : 吉林人民出版社 , 2021.8
ISBN 978-7-206-18428-4

Ⅰ . ①智… Ⅱ . ①郝… ②杨… Ⅲ . ①旅游经济 – 经
济管理 Ⅳ . ① F590.1

中国版本图书馆 CIP 数据核字 (2021) 第 179855 号

智慧旅游背景下旅游管理新方向
ZHIHUI LÜYOU BEIJING XIA LÜYOU GUANLI XIN FANGXIANG

著　者：郝彦革　杨新春
责任编辑：王　丹　　　　　　　　　封面设计：史海燕
吉林人民出版社出版 发行（长春市人民大街 7548 号）　邮政编码：130022
印　　刷：石家庄汇展印刷有限公司
开　　本：710mm × 1000mm　　1/16
印　　张：11.25　　　　　　　　　字　　数：200 千字
标准书号：ISBN 978-7-206-18428-4
版　　次：2021 年 8 月第 1 版　　　印　　次：2021 年 8 月第 1 次印刷
定　　价：59.00 元

前　言

　　2021 年 2 月，中国旅游研究院线上发布《中国旅游经济蓝皮书（No.13）》，预计 2021 年国内旅游人数为 41 亿人次。这一数字相当于中国总人口一年旅游近 3 次。近年来，随着中国步入大众旅游时代，旅游产业已成为国民经济战略性支柱产业。与此同时，以互联网信息技术为代表的新一轮技术革新和发展，极大地改变着社会经济的发展和公众的生活和消费方式。对旅游行业来说，互联网信息技术的发展还深刻地改变了传统旅游行业，使旅游行业朝着智慧化方向发展。本书以智慧旅游管理为主要研究对象，对智慧旅游背景下旅游管理的新趋势、新方向和新特点进行详细阐释。

　　本书第一章，主要从旅游管理的概念和特点、旅游管理的环境与方法、旅游管理的职能与任务、旅游管理的发展理念等方面对现代旅游管理进行概述，为下文对智慧旅游管理的阐释奠定基础。第二章，主要对智慧旅游的源起与发展、智慧旅游的内涵与理论基础、智慧旅游的功能与价值对智慧旅游进行阐释。第三章，主要对云计算技术、物联网技术、大数据技术、移动互联网技术、人工智能技术等智慧旅游的现代技术进行详细分析与阐释。第四章，主要对智慧旅游背景下的景区管理、酒店管理、旅行社管理、城市管理等不同旅游行业或旅游部门的管理进行详细阐释。第五章，主要对智慧旅游背景下，旅游者的行前智慧服务、行中智慧服务和行后智慧服务三个方向从旅游者角度对智慧旅游的管理进行分析与阐释。第六章，主要对智慧旅游背景下的共享经济、虚拟经济、在线旅游等旅游行业的未来发展方向进行详细阐释。

　　本书由郝彦革和杨新春共同撰写，其中郝彦革负责撰写第一至第五章，共计 16.6 万字；杨新春负责撰写第六章，共计 3.4 万字。

　　本书通俗易懂，内容翔实，适合对智慧旅游感兴趣的读者阅读。在本书的撰写中，我们参考了大量史料和著作、书报刊物、网络文献等相关资料，在此向作者表示诚挚的谢意。由于笔者水平所限，书中错误和疏漏之处在所难免，恳请专家、同行及广大读者批评指正。

目录

第一章　现代旅游管理概述

第一节　旅游管理的概念和特点

旅游管理属于管理学中的二级学科，主要指对旅游活动这一经济行为而进行的计划、组织、指挥、协调及控制的活动过程。[①]本章主要对旅游管理的概念、特点、环境、方法、职能、任务以及发展和理念进行阐释。

一、旅游管理的概念

旅游管理涉及"旅游"和"管理"两个概念，明确旅游管理的概念和内涵，应先对其相关概念进行阐释。

（一）旅游管理相关概念阐释

1. 旅游概念及分类

"旅游"一词在汉语中最早出现于我国南北朝时期，沈约的诗歌《悲哉行》中的"旅游媚年春，年春媚游人"诗句，其中的"旅游"含有"旅行和游览"之意。除了"旅游"一词之外，中国古代含有"旅行""游览""旅""游"等词语的古籍数不胜数。20世纪初期，白话文运动之后，我国出版的旅游方面的书籍中大多以"旅行""旅游""游览"等词语作为书名。例如，近代出版的《中国古代旅行之研究》《中国旅行手册》《中国人之游览观》《游览事业之意义》《游览资源问题》《旅游中的道德问题》等。由此可见，"旅行""旅游""游览"等词语成为人们的习惯称呼，这三个词语的内涵虽各有侧重，然而均含有"旅游"之意。中华人民共和国成立后，随着中国对外事务逐渐增多，人们开始将"旅行""游览"两词连用，之后，"旅行""游览"逐渐连称为"旅游"。改革开放

---

① 刘慧. 旅游管理理论与实践研究 [M]. 北京：中国金融出版社，2016：1.

后，"旅游"一词基本代替了"旅行""游览"。现代意义上的"旅游"，是从英文"tourism"一词翻译而来，原意为浏览的嗜好，引申为有关游览的学问。

自从现代意义上的"旅游"一词出现后，国内外学者分别从不同角度对该词的定义进行阐释。从经济学角度来看，旅游属于高级消费行为，是社会经济和人们生活水平发展到一定程度的产物。根据世界旅游组织、世界旅游理事会、地球理事会等组织机构联合制定的《关于旅游业的 21 世纪议程》，旅游的定义为："人们为休闲、商务或其他目的，离开他们惯常环境，而去他处并在那里逗留连续不超过一年的活动。"[①] 在这一概念中，对旅游的目的进行了阐释，指明休闲、商务或度假、考察、购物、观赏风物、探亲、探险、体育锻炼等目的行为均属于旅游范畴；对旅游的时间进行了明确规定，即连续在某地停留时间不超过一年；对旅游的空间进行了规定，人们必须离开惯常居住地到其他地方。

旅游作为人们的一种消费形式，按照不同标准可划分为不同类型，例如，按照地区划分，旅游可分为境内旅游、入境旅游、出境旅游、边境旅游等；按照人数划分，旅游可分为自助旅游、团队旅游、散客旅游、互助旅游等；按照目的划分，旅游可分为休闲旅游、商务旅游、度假旅游、考察旅游、购物旅游、观光旅游、探亲旅游、探险旅游等。

2. 管理的概念

管理一词的内涵十分广泛，古今中外学者从不同角度对管理一词的内涵进行了概述。其中，西方学者法约尔（Henri Fayol）指出，管理是由计划、组织、指挥、协调、控制等职能为要素的组织活动过程。[②] 这一定义从管理的职能视角对管理一词进行了概述，这一定义对之后的学者产生了较大影响。美国学者德鲁克（Peter F. Drucker）则指出管理是专业性工作，与其他技术性工作相同，均有自己专有的技能、方法、工具和技术。管理的本质和基础是执行任务的责任，管理人员则属于专业的管理阶层。美国学者伯法（Elwood S. Buffa）则从数学的角度对管理的定义进行了阐释，指出管理是用数学模式与程序来表示计划、组织、控制、决策等合乎逻辑的程序，得出最优解答，以达到企业的

---

① 张华，李凌. 智慧旅游管理与实务 [M]. 北京：北京理工大学出版社，2017：1.
② 刘慧. 旅游管理理论与实践研究 [M]. 北京：中国金融出版社，2016：3.

目标。除此之外，一些学者还从决策的角度、活动组织的角度等对管理的概念进行阐释。从管理的本质上来看，管理是一种行为，我国学者刘慧从管理的行为本质对管理的定义进行概括，认为管理是社会组织中为实现预期目标而进行的以人为中心的协调活动。[①]在这一定义中，对管理主体和客体，以及管理的目的和环境进行了阐释。明确了"旅游"和"管理"两个概念之后，即为了解和阐释"旅游管理"的定义奠定了基础。

（二）旅游管理的定义阐释

旅游管理是现代管理学的一个分支，从学科范畴来看，属于管理学的二级学科。旅游活动涉及的范围十分广泛，包括政治、经济、文化等多个方面，具有较强的综合性，受旅游活动这一特点影响，旅游管理的内涵十分丰富。从微观视角来看，旅游管理是指在特定的社会环境下，在特定的区域范围内，在社会旅游组织中，为了以最有效的方式实现旅游活动的目标，综合运用管理职能的作用，对旅游活动涉及的各种关系和现象进行管理的活动与过程。[②]从宏观视角来看，旅游管理则是指政府部门为了促进国家旅游产业发展而进行的管理活动。宏观的旅游管理制定旅游政策、法律和法规，推动国家和地方旅游业发展；对旅游市场进行宏观调控，以便获得良好的经济效益和社会效益；维护并不断提升国家旅游业声誉和旅游的国际形象。

旅游活动涉及社会的多个领域，旅游管理活动涉及多层次、多结构、多方面的内容，贯穿于整个旅游管理事业的全过程。从不同角度来看，旅游管理活动的内容不尽相同。从旅游管理的过程来看，旅游活动包括确立旅游管理目标的活动、建立旅游事业信息系统的活动、制订旅游事业发展计划的活动等；从旅游管理的内容来看，旅游活动包括旅游人力资源管理活动、旅游物质资源管理活动、旅游科学技术管理活动、旅游财力管理活动等；从旅游管理业务角度来看，旅游管理的内容主要包括旅游服务管理活动、旅游设施管理活动等；从旅游管理体制来看，旅游活动包括建立和执行旅游事业管理体制的活动，建立和执行旅游部门管理体制的活动，建立和执行旅游企业管理体制的活动等；从旅游管理的方法来看，旅游管理活动包括行政方法、经济方法、法律方法、教

---

① 刘慧. 旅游管理理论与实践研究 [M]. 北京：中国金融出版社，2016：3.
② 杨絮飞，孙国霞，朱麟奇，田雨露. 旅游管理学 [M]. 长春：东北师范大学出版社，2012：9.

育方法等。

旅游行业是国民经济的重要组成部分，是为社会公众提供旅行游览服务的行业。旅游管理是建立在社会分工和协作的客观基础之上的，是社会经济的重要管理部门。旅游管理活动具有较强的必要性，主要表现在以下几个方面。

1. 旅游行业是综合性社会服务行业

旅游活动是一项十分复杂的社会活动，涉及多个社会领域，包括政治、经济、历史、地理、法律等。此外，旅游业的经营还涉及旅游资源的开发、利用和保护，旅游商品的开发、设计和供应，旅游交通运输、游客接待等。旅游行业是一个专业化分工较强的行业，必须进行科学管理，旅游服务工作才能正常运转。

2. 旅游行业属于国际性服务行业

根据旅游活动的范围，旅游行业主要包括三种类型，即国内游客在国内进行的旅游活动、国内游客到国外进行的旅游活动、国外游客在我国国内进行的旅游活动。由此可见，旅游行业不仅是普通服务行业，还是国际性服务行业；不仅涉及国内衣、食、住、行等各个行业，还涉及国外多个相关行业和领域，属于国际性服务行业。因此，在旅游管理工作中，需要加强国内国际两个旅游市场的组织、计划、指挥、调节和监督工作。

3. 旅游行业是一项系统社会工程

旅游行业是一项涉及各个领域和行业的综合性行业，也是为旅游者提供食、住、行、游、购等一体化消费的系统社会工程。旅游行业的经营不同于其他行业，而是将旅游行业所涉及的餐饮、住宿、交通、游览、购物等各个领域加以组合和设计，从而形成一体化的系统服务体系。因此，旅游行业离不开科学的规划和管理。

除此之外，旅游行业的运行空间十分广阔，根据区域范围不同，可划分为地方性旅游、区域性旅游、全国性旅游、国际旅游等不同类型，这使得旅游活动的行程中常常涉及跨地区、省市，甚至跨国运行，旅游管理必然涉及科学规划、组织、协调、监督等。综上所述，旅游管理活动既反映了社会化大生产专业协作的历史发展必然性，而且反映了旅游行业经营中充分发挥各种旅游资源和旅游设施的作用，呈现出旅游行业的必然性。

二、旅游管理的性质和特点

（一）旅游管理的性质

旅游管理是现代管理的重要分支，从旅游管理的性质来看，旅游管理具有二重性、经济性、关联性。

1. 旅游管理的二重性

马克思主义管理理论指出，管理具有自然和社会二重属性。管理的自然属性是指管理与生产力发展和社会化大生产相适应；管理的社会属性是指管理与社会生产关系和上层建筑之间存在着紧密联系。旅游管理作为管理的二级学科，也具有自然和社会二重属性。

旅游管理的自然属性是由旅游活动的基本特征决定的。根据马克思主义管理理论，社会劳动是一种共同劳动，属于社会化大生产活动，其以分工和协作为前提。只要社会活动中存在着分工和协作的共同劳动，那么，就需进行管理。旅游管理属于共同劳动，以分工和协作为基础，从而对旅游活动进行计划、组织、领导、协调和控制，将处于分离状态的各种系统要素有机结合起来，以便保障旅游活动的顺利进行。旅游管理的自然属性是由社会生产力运动的内在要求所引发的，近年来，随着社会生产力的发展，旅游活动的规模越来越大，涉及范围越来越广，而伴随着社会分工的细化，各个行业之间的联系越来越紧密，旅游活动的各种系统要素的社会结合程度越来越密切，对旅游管理的要求也越来越高。旅游管理的自然属性决定了旅游活动与生产关系和上层建筑的性质之间并不存在直接或间接联系，而是任何社会化的旅游活动中必不可少的重要条件。从这一性质来看，旅游管理具有与生产力和社会化大生产相适应的共性或一般属性。

除了自然属性之外，旅游管理还具有社会属性。旅游管理的社会属性是由旅游活动的生产关系和上层建筑的性质决定的。根据马克思主义管理理论，在任何社会活动的过程中，人与人之间除了分工与协作形成的劳动关系外，还形成一定的经济关系或生产关系。这种经济关系或生产关系的性质直接决定着管理的社会属性性质。从这一角度来看，管理受到生产资料所有者的意志的影响，常常成为维护生产资料所有者利益的工具和手段。此外，管理还受建立在一定的经济关系或生产关系基础之上的上层建筑的影响。例如，社会制度、文化、法律等均可对管理的社会属性产生影响。举个例子，如果社会制度支持旅游事业的发展，并对旅游事业给予某种政策支持，那么，旅游事业就会在社会中获得较快发展，相应地旅游管理的规模也会越来越大。

旅游管理的自然和社会二重属性决定了旅游管理不仅要按照社会生产力发展的内在要求开展旅游活动，而且还必须通过其自身活动体现和反映生产关系和上层建筑的要求，即旅游管理活动需兼具自然属性和社会属性。

对一名旅游管理者来说，正确认识旅游管理的二重性十分必要。旅游管理的二重性是马克思主义管理理论在旅游管理中的具体体现，也是正确认识旅游管理客观规律的基础和对旅游管理进行科学指导和实践的理论依据。对旅游管理者来说，学习和掌握旅游管理的二重性有助于加深其对社会主义旅游管理本质属性的理解，能够提升管理者自觉和自主进行旅游管理的积极性；还有助于旅游管理者对资本主义管理理论、方法和经验的认识和借鉴；便于旅游管理者对社会主义市场经济下旅游管理规律和特点的探索，以便形成良好的中国特色社会主义旅游管理理论体系和管理方法。

2. 旅游管理的经济性

旅游管理的经济性是指旅游管理是一种目的性强的经济活动，从旅游管理的自然属性来看，旅游管理对旅游经济的发展具有直接推动作用；从旅游管理的社会属性来看，旅游管理的目的是为旅游资源所有者服务，维护旅游管理者包括经济效益在内的各种利益。旅游管理的经济属性主要表现在两个方面。

一方面，旅游管理中旅游经济的效益目标预期将会对旅游管理的整体效能和发展产生影响。旅游管理的目的是实现旅游发展目标，旅游经济效益目标是旅游发展目标的核心内容，而旅游经济的效益目标预期和制定则属于旅游管理范畴。从这一视角来看，旅游经济效益目标预期的合理与否关系到旅游管理效能的实现。旅游经济效益目标预期过低或过高均会对旅游管理效能产生不良影响。如果旅游经济效益目标预期过低，那么，将无法激发旅游管理者的积极性，从而影响旅游管理效能；相反，如果旅游经济效益目标预期过高，在相应的规划期限内无法实现目标，则会对旅游管理者造成打击，同样不利于旅游管理效能的提升。由此可见，旅游管理经济效益目标预期的合理与否直接关系旅游管理的效能，从侧面反映出旅游管理具有经济属性。

另一方面，根据马克思管理理论，旅游管理具有社会属性，其是为旅游资源所有者服务，而旅游管理的目的之一，即是发展旅游经济，提升旅游经济效益。因此，旅游经济目标的达成与否是衡量旅游管理水平的重要指标。旅游管理者所制定的旅游管理发展目标能否实现，其关键在于经济效益目标能否实现与达成。而旅游经济目标则贯穿于旅游管理之中，由此可见，旅游管理具有较强的经济属性。

3. 旅游管理的关联性

旅游管理活动并不是静止不变的、独立的活动，而是与社会其他活动紧密相关的、动态的综合性活动，从这一角度来看，旅游管理具有关联性的本质。从旅游管理活动本身来看，旅游管理活动具有较强的社会属性，其是由多人共同协作和分工完成的，并且旅游管理活动受社会政策、社会性质等多个方面的影响。此外，旅游管理活动是一个连续的过程，而在这一过程中各个旅游要素之间存在连带关系，且旅游管理活动的过程与过程之间也存在较强的有机联系。此外，旅游管理工作涉及方方面面的因素，这些因素之间存在着紧密的客观联系，旅游管理工作必须建立在充分认识这些联系的基础之上，因此，旅游管理具有较强的关联性。

（二）旅游管理的特点

旅游管理作为现代管理的重要分支和组成部分，具有现代管理的特点，同时又与旅游活动密切相关，具有较强的特殊性。旅游管理具有客观性、综合性、复杂性、风险性、超前性、创新性、科学性、艺术性等特点。

1. 旅游管理的客观性

旅游管理是以旅游活动为主要对象的实践活动，旅游管理的客观性是建立在旅游管理实践活动基础之上的。在旅游管理实践过程中，由于游客、旅游地、旅游路线等各种因素之间的区别，使得旅游实践活动呈现出千差万别的特点。然而，无论旅游实践活动之间的差别多大，所有旅游实践活动均需遵循旅游活动的客观规律，只有这样才能最终达成旅游管理目标。从这一角度来看，旅游管理具有客观性的特点。

2. 旅游管理的综合性

旅游管理的综合性是由旅游活动的性质决定的。旅游活动是一项社会活动，需要多个社会群体或组织的参与，涉及衣、食、住、行、游、购、娱等方方面面的因素，涉及住宿、餐饮、商场、园林、文化、交通、卫生等多个行业，这决定了在旅游活动的展开过程中，旅游管理人员必须对旅游管理相关因素方面的知识和技能加以熟悉和掌握，以便确保旅游活动的顺利开展。旅游活动的综合性决定了旅游管理的综合性，旅游管理人员必须具备综合性知识，以便对旅游管理过程中的各方面因素进行有效统筹和协调，科学配置各个旅游生产要素，只有这样才能推动旅游活动的展开，才能达成旅游管理的目标。

3. 旅游管理的复杂性

除了综合性之外，旅游管理还具有较强的复杂性特点。旅游管理的复杂性主要表现在旅游管理活动涉及各个方面的多种要素，这些要素之间存在相互影响、相互协调的关系，共同组成一个极其复杂而联系紧密的网络。一旦其中某个因素发生变化，势必影响其他因素随之变化。旅游管理属于社会服务活动，其通常存在明确的管理目标，旅游管理的目标不仅涉及经济目标，还涉及服务目标、社会影响力目标、地方形象目标等。旅游管理的多种管理目标决定了旅游管理的价值取向存在多重性，从而导致旅游管理过程呈现出复杂化的特点。

4. 旅游管理的风险性

旅游管理的风险性特点是由旅游行业的综合性、复杂性所决定的。旅游行业作为一种综合性较强的服务业，具有综合部门的性质，然而却并没有综合部门的权威。旅游部门属于专门的经济管理部门，然而却未能建立起专门管理部门的相应管理体系，这使得旅游管理存在较大难度。而一旦某个旅游环节管理不到位，则极易产生各种风险。例如，安全风险。此外，旅游行业作为一种综合性行业，其经营和管理不仅涉及其本身内部的经营管理，还涉及各个相关行业或产业，受外部环境的影响较大。例如，旅游管理活动受国家和地区政策、法规的影响较大，此外，当一个国家或地区出现自然灾害、战争或流行性疫情时，旅游管理活动往往会受到最直接的影响。

5. 旅游管理的超前性

旅游管理的超前性是由旅游管理作为一种服务行业，在国家或地区产业和经济中的地位决定的。旅游行业通常建立在社会经济发展的基础之上，并且具有带动一个地区或国家经济发展的重要作用。因此，旅游管理通常具有一定的超前性特点。改革开放以来，我国实行市场经济改革，不断提升社会市场经济的发展水平，使我国社会经济获得了较大发展，人民生活水平得到了很大提高，旅游业也相应地发展起来。在进行旅游规划和旅游管理时，不仅应从现有的旅游资源着手，还应考虑未来一段时间内地区或国家经济发展或基础设施建设等方面的发展，从这一角度来看，旅游管理具有超前性的特点。

6. 旅游管理的创新性

旅游管理的创新性是由旅游管理的社会化属性所决定的。旅游管理是一种社会管理活动，涉及多种社会因素，且旅游管理本身就是一种劳动，涉及多种分工和协作，能够为社会创造财富和价值，并推动社会生产力的发展。因此，从这一角度来看，旅游管理具有较强的创新性特点。此外，近年来随着我国经济发展和产业转型，各个地区的旅游业纷纷发展起来，导致我国旅游业存在较强的竞争性特点。旅游业的竞争多源于旅游产品的同质化，因此，旅游管理创新成为旅游管理的重中之重。旅游管理创新不仅能够提高旅游产品的核心竞争力，提高旅游管理效益，还能够提升旅游管理行业的整体发展。

7. 旅游管理的科学性

旅游管理的科学性是由旅游活动的实践性特点所决定的。旅游行业最重要的特点即为实践性，而旅游管理则是在对大量旅游实践的科学总结和提炼的基础上形成的。旅游活动过程涉及旅游活动组织问题，旅游者、旅游服务者、旅游经营者之间存在的各种关系的协调，这些均需要依据一定的客观规律进行处理。旅游管理的科学性要求旅游管理人员在熟练掌握经济学、社会学、心理学等学科必备知识和技术的基础上，对旅游活动中出现的各种矛盾和问题予以解决。此外，旅游管理的科学性还为旅游管理人员管理水平的不断提高奠定了基础，在客观上起到满足游客需求、促进旅游发展目标实现的作用。

8. 旅游管理的艺术性

旅游管理的艺术性是基于旅游管理的综合性和复杂性特点之上的，旅游管理作为一门科学，具有较强的严谨性，此外，旅游管理在遵循客观规律的基础上，还具有较强的艺术性特点。旅游活动是一项综合性活动，涉及多种因素和多个行业，除此之外，旅游活动还受具体时间、地点、事件等因素的影响，而处理各种旅游要素和旅游相关行业、主体之间的矛盾时，除了依靠旅游管理的科学性之外，还需要一定的旅游管理艺术，才能有效推动旅游管理目标的实现。

第二节 旅游管理的环境与方法

管理是存在于人类社会组织中的行为，任何管理均受到社会环境的影响。旅游管理也不例外，受到环境的影响较大。

一、旅游管理的环境

旅游管理具有社会性的特点，对环境的依赖性较强，在发展过程中需要与周围环境进行协调。所谓旅游管理环境是指存在于旅游行业组织内部或外部的，影响旅游管理实施和旅游管理有效性的各种力量、条件和因素的总和。①旅游管理环境包括外部环境和内部环境。

（一）旅游管理的外部环境

旅游管理的外部环境主要包括自然环境、经济环境、政治和法律环境、社会和文化环境、技术环境、竞争环境。

1. 旅游管理的自然环境

旅游管理的自然环境是旅游管理所面临的最基本环境。这里所指的"自然环境"并非真正意义上的自然环境，而是对旅游业的生存和发展产生影响的各种自然要素。其中包括地理位置、气候条件、自然资源以及自然灾害、环境污染和控制等。旅游活动与自然环境之间的关系十分密切，自然环境对旅游活动来说具有十分重要的影响，或者有利于旅游活动的开展，或者对旅游活动的组织和发展产生不良影响。从旅游管理活动的组织方面，自然环境是旅游活动开展的必要条件。此外，自然环境中的资源支撑能力对旅游管理活动的开展和旅游活动的组织起着决定性和关键性的作用。自然环境之间存在较大的差异性，因此，不同国家、地区和民族之间形成了不同的物质生产方式和文化类型。除此之外，自然环境还能够影响一个国家和地区的风俗习惯的形成与发展。而物质生产方式、文化类型以及风俗习惯则会对旅游管理活动产生深刻影响，而旅游活动的开展也必须建立在自然环境的基础之上。除此之外，当外界自然环境发生变化时，也会对旅游管理产生较大影响。在旅游管理活动中，如果对自然

---

① 刘慧．旅游管理理论与实践研究 [M]．北京：中国金融出版社，2016：14．

生态资源进行合理保护，则有利于改善当地的自然环境；相反，如果对自然生态资源进行破坏，则会对自然环境产生危害。而自然环境的破坏会对人类的可持续发展产生危害，进而对旅游管理活动产生较大影响。

2. 旅游管理的经济环境

旅游管理活动是一种经济活动，受社会经济环境的影响。这里所指的"经济环境"并非一个国家或地区的整体经济环境，而是一个国家和地区对旅游行业或企业产生影响的经济状况。经济环境是旅游管理环境中最根本、最基础的环境。对旅游管理者来说，经济环境有利与否是决定旅游管理活动顺利与否的关键。对旅游管理有利的经济环境可以为旅游活动带来诸多机会；相反，如果经济环境不利于旅游事业的发展，则会为旅游活动带来诸多障碍，造成种种威胁。旅游管理的经济环境之所以如此重要，与旅游管理活动的综合性和复杂性有关。旅游活动是一项综合性活动，一般而言，当社会经济环境良好时，社会经济发展较为平稳，人们的经济收入持续增加，为旅游事业的发展奠定了良好的经济基础。此外，当社会经济环境良好有利于旅游活动的开展时，旅游管理者和经营者可以从社会环境中较为容易地获取多种资源，从而有利于旅游场所各方面设施的健全，有利于吸引游客，进而有利于达成旅游管理目标。相反，如果社会经济环境恶化，不仅会导致人们收入水平下降，减少人们的旅游欲望，而且也会导致旅游发展中所必需资源的减少或获取难度的增加，从而不利于旅游管理目标的实现。

3. 旅游管理的政治和法律环境

旅游管理作为人类的一种社会组织活动，具有社会属性，必然受到所在国家和地区政治和法律环境的影响。如果一个国家或地区政治环境稳定，制定了有利于旅游行业发展的相关政策和法律法规，对旅游行业的发展给予政策支持和扶助，那么，该地区的旅游行业在发展中必然能够较为便捷地获得各种有利资源，从而为旅游管理目标的达成奠定良好的基础。相反，如果一个国家或地区对旅游行业的发展采取限制措施，那么，则会对旅游管理产生负面影响。除此之外，如果一个国家或地区的政策支持某种技术的发展，而这种技术可以应用于旅游管理事业，那么，将为旅游管理目标的达成奠定基础。例如，20 世纪90 年代后，随着中国加入世界贸易组织，中国对外开放的力度越来越大，推动信息产业的发展越来越快，而信息产业的发展则推动了电子商务和销售网络，为旅游行业的传播和发展奠定了技术基础，为旅游管理提供了良好的政治和法律环境。

4. 旅游管理的社会和文化环境

旅游管理的社会和文化环境是由旅游管理的社会属性所决定的。一个地区的地理环境、人口、社会文化教育水平和传统风俗习惯和道德观念是构成社会和文化环境的主要因素。旅游管理作为一种社会组织活动，涉及多个行业和领域的分工和协作，必然涉及人与人之间关系的处理。人是社会的重要组成部分，在社会组织活动中，人既是社会组织活动的管理者，也是社会组织活动的被管理者。旅游管理者及其被管理人员均受社会文化环境的影响。我国旅游管理在引进和参照西方旅游管理制度时，不应对西方旅游管理制度一味因袭，而应该结合中国的社会文化环境。否则，在旅游管理中制定不符合国家或地区社会文化环境的制度，则不利于旅游管理目标的达成。

5. 旅游管理的技术环境

所谓技术是指关于某种事情的知识的总和，包括发明创造、技能方法等。技术环境则是指一个组织所在的国家或地区的技术进步状况，相应的技术条件、技术政策和技术发展的动向和潜力等。[①]这里所指的旅游管理的技术环境主要指有利于旅游行业发展进步的技术，例如，交通技术、传播技术等。如果一个国家或地区具备先进的交通技术，即可在旅游景区和外界之间修建畅通的道路，便于游客前来旅游，从而为促进该地旅游行业的发展奠定基础。又如，如果一个国家或地区的传播技术十分先进，即可为该地旅游行业的对外传播提供良好的助力，有利于将该地特色景区传播至外界，从而达到吸引游客的目的。当前，在旅游业组织环境中，技术环境已成为旅游行业至关重要的关键因素，为旅游管理制度的建立、发展和完善奠定了重要基础。

6. 旅游管理的竞争环境

竞争环境是影响社会组织发展最关键的环境因素。任何一个组织在发展过程中均处于不同的竞争环境中，面对多个竞争对手或潜在竞争对手。除此之外，一个组织的服务对象、资源供应者或社会特殊利益代表组织等均可转化为

---

① 田里，李雪松．旅游管理学第 2 版 [M]．沈阳：东北财经大学出版社，2018：12.

组织竞争因素。有效的竞争环境可以激活组织的发展潜力和发展积极性，是组织了解服务者需要、并及时做出相应反应、调整相应政策的重要环境因素。竞争环境是组织者无法左右的，组织管理者只能顺应竞争环境，并在竞争环境下寻找有利于组织发展的最佳途径。旅游管理也是如此。旅游组织的管理者在对外界竞争环境进行正确预判的前提下，有效利用机会，避免受到竞争威胁，并且制定相应的策略和方法，激发组织内部的活力，不断提升组织的竞争力，促进组织发展。

（二）旅游管理的内部环境

除了外部环境外，旅游组织内部的环境也属于管理环境的范畴。旅游管理内部环境指旅游组织内部管理的运行环境和组织文化环境。一般来说，旅游组织作为一个特定的社会组织，具有独特的组织文化；不同的旅游组织，组织内部环境也不尽相同。旅游管理者必须对组织内部的环境进行分析和研究，并且在对本组织内部环境进行清晰认知和定位的前提下，对组织的发展制定相应的目标和战略，唯其如此，才能保障旅游管理的科学性，才能为旅游管理目标的实现奠定基础。旅游管理的内部环境主要包括组织运行环境、组织文化环境。

1. 组织运行环境

无论是什么类型的组织，均需在一定的组织运行环境中才能进行，而组织运行环境则由组织结构、组织制度、组织领导作风、组织人力资源、组织资金实力、组织科研能力、组织社会声誉等构成的。旅游组织的内部运行环境也是如此。旅游组织内部的运行环境是否良好，直接关系到旅游组织管理目标能否实现。例如，如果一个旅游组织内部的科研能力不佳，那么，即使该旅游组织在过去一段时间内取得了较快发展，但由于其未能创造良好的科研技术，也将导致该旅游组织未来发展乏力，不利于该旅游组织的可持续发展。除此之外，旅游组织运行环境的各个因素还会对旅游组织管理目标的制定和实现以及旅游组织管理者的管理行为、管理方法等造成直接影响。

2. 组织文化环境

组织文化环境是组织在经济社会文化环境影响下，在长期发展过程中逐渐形成和发展起来的日趋稳定的、独特的价值观，以及以此价值观为核心形成的行为规范、道德准则、群体意识和风俗习惯等。① 根据这一概念，旅游组织内部在特定的外界经济社会环境的影响下，在组织发展和运行中形成的共同的价值观念和行为规范即形成了旅游组织内部的组织文化环境。旅游组织内部文化环境是一个组织最为重要的软实力和竞争力之一，对组织的成长和发展起着十分关键的作用。例如，一个旅游组织内部形成了积极向上的组织文化环境时，即会为组织的发展提供源源不断的内在动力，从而有利于该组织的发展。组织文化环境一旦形成，就会对组织管理者的思维和决策施加影响，从而影响旅游组织管理目标的制定和达成。

（三）智慧旅游时代旅游管理的新环境

除了旅游组织的外部环境和内部环境之外，在当前智慧旅游时代，还形成了以信息化为基础的经济社会发展环境。信息化技术在旅游行业的应用范围、应用规模和应用场景越来越多，对旅游业的发展模式和旅游管理产生了新的影响，使旅游管理面临着新的环境。

1. 智慧旅游改变了传统旅游模式

智慧旅游是建立在信息化基础之上的一种新型旅游。进入 21 世纪后，随着全球信息化浪潮的发展，为旅游行业的产业升级奠定了技术基础，尤其是随着近年来，物联网、云计算以及通信技术等信息技术的发展和应用，旅游行业的发展模式正面临着前所未有的改革。"云旅游""在线游"等以信息技术为基础的智慧旅游方式的推出，打破了传统意义上实地旅游模式一家独大的局面，使远在万里之遥的游客可以在线浏览景区的实时实地美景。传统旅游模式的改变，对旅游管理者提出了新的要求，成为现代旅游管理中不可忽视的外在环境因素。

2. 智慧旅游提升了旅游管理组织的创新能力

进入 21 世纪以来，随着我国互联网技术的发展，网民人数直线上升，一大批旅游网站建立起来，包括旅游门户网站、旅游资讯网站等。此外，随着近年来上网人数的增加以及网上购物、网上预订等业务的开展，极大地促进了旅游预订网站的出现，促进了智慧旅游环境的提升。而智慧旅游时代的到来使得旅游组织面临着全新的科技环境，在这一环境中，旅游组织的发展方式出现了较大变化，为旅游管理组织创新能力的提高奠定了基础。

---

① 孔邦杰.旅游环境学概论第 2 版 [M].上海：格致出版社，2017：60.

二、旅游管理的方法

所谓旅游管理的方法，是指旅游管理人员为达到一定的旅游管理目的，对旅游管理对象作用的方式和方法的总称，是旅游管理人员执行旅游管理职能、协调旅游活动的各种手段和方法的总和。[①] 旅游管理方法是旅游管理者实现旅游管理目标所采用的基本方法和原则，旅游管理中根据旅游管理的不同对象、不同管理过程、管理过程中存在的不同的矛盾和问题，旅游管理方法的分类也不相同。根据旅游方法性质，可以划分为定性方法和定量方法；根据旅游方法的运用条件，旅游方法可以划分为通用方法和具体方法；根据旅游管理方法的适用性，旅游管理方法可以划分为基本方法和专门方法。本节主要对旅游管理的基本方法进行详细分析。旅游管理的基本方法是指适用于各个旅游管理领域、各种环境下的旅游管理方法，是旅游管理中最基础和普遍适用的管理方法。

（一）经济方法

旅游管理的经济方法是指在旅游管理中根据客观社会经济环境，利用经济杠杆和经济手段对旅游活动和旅游经营进行管理的方法。旅游管理经济方法的核心在于充分利用经济学原理中的物质利益原则，处理好旅游活动主体之间的相互关系，以及旅游组织内部和外部的各种利益关系。旅游管理的经济方法多为经济杠杆和经济手段。其中，经济杠杆多是从宏观管理的角度对旅游活动进行的调控，例如，旅游门票及其他旅游景区内部的附加服务的价格，以及税收、利率和信贷等，从而对旅游活动进行管理和调控。旅游管理的经济手段则是指旅游管理者对旅游组织内部的工资、利润、资金等的制定。经济方法是旅游管理中最为基础和基本的方法，也是旅游管理中应用最普遍的方法。

旅游管理的经济方法是建立在社会主义物质利益原则之上的方法。根据马克思主义历史唯物主义观，在现代文明社会中，物质利益是人们的基本利益，人们的行为以追求物质利益为基础，对物质利益的追求是人们行动的动力所在，因此，以物质利益作为主导，能够在组织管理中起到意想不到的作用。旅游管理中的经济方法与其他旅游管理的基本方法相比具有利益性、交换性和关

---

① 李友亮.旅游管理实用教程 [M].北京：中国商业出版社，2018：8.

联性的特点。其中，旅游管理经济方法的利益性指经济方法是以人们对物质利益的追求作为依据，对被管理者实行管理；交换性指旅游管理中的经济方法是以物质报酬作为交换为前提，从而促使管理者承担相应的任务；关联性指旅游管理的经济方法应用范围较广、影响范围较大，与各个方面存在着直接或间接的联系。经济方法作为旅游组织的管理方法既具有一定的优点，也存在一定的缺点。旅游管理经济方法的优点在于充分利用物质利益的刺激作用，增强旅游管理效果；旅游管理经济方法的缺点在于一味地使用物质刺激易助长旅游组织内部金钱至上和本位主义的不良倾向。

（二）行政方法

旅游管理的行政方法是指依靠行政命令、指示、规定等行政手段，充分行使行政职权对旅游活动进行管理的一种方法。行政方法的核心是组织充分利用其权威性和强制性对旅游活动进行维护，并确保旅游经济合理有效运行。旅游管理的行政方法具有强制性、范围限制性以及无偿性的特点。

旅游管理的行政方法具有较强的强制性，多从某个管理目的出发，充分行使组织的行政权力，要求组织内部的下级对上级绝对服从，这种行政方法通常具有较强的时效性，能够在短时间内见效。旅游管理的行政方法由于以组织的行政权力为基础，因此，行政方法所适用的范围通常较为明确，即在行政权力所辖范围内才能起到相应的作用。旅游管理的行政方法还具有无偿性的特点。行政方法以行政权力为基础，要求所涉及的员工无偿服从，并且员工在执行过程中不能提出无理由的报酬要求。

旅游管理行政方法的具体表现多种多样，形式较为灵活，通常表现为工作会议、电话通知等。行政方法的优点在于针对性强、时效性强以及执行性强，通常能够在短时间内产生较好的效果，并且能够较为积极地应对旅游活动中出现的种种突发现象，确保旅游活动的正常开展以及旅游组织的有效运作。行政方法的缺点在于，单纯的以行政命令为主的管理方法，在一定程度上限制了组织内部员工工作的积极性、主动性和创造性。行政方法大多是以上级部门凭借组织内部的行政权力对下级部门的员工发布命令，下级员工必须服从上级的意志。如果上级领导的判断失误，则极易对旅游活动造成损失。此外，行政方法大多体现了管理者个人的意志，缺乏与下级成员之间的有效沟通，不利于组织内部良好沟通机制的建立。因此，在旅游管理中使用行政方法时应注意将其与其他方法相结合（如经济方法），以弥补行政方法的不足。此外，行政方法在实施过程中还应尽量从实际情况出发，保持较强的客观性，克服管理者的主观性，以利于旅游活动的展开。

（三）法律方法

旅游管理的法律方法，又称为法规方法，是指在旅游管理中使用法律、法规、行政命令、规章制度等手段进行旅游管理的方法。法律方法是当前我国旅游行业普遍使用的一种管理方法。旅游管理的法律方法具有强制性、稳定性和先导性的特点。一个国家或地区的法律、法规等均具有较强的强制性，旅游管理的法律方法以一定的法律、法规为基础，要求旅游组织成员必须遵守相应的行为准则。旅游管理法律方法的稳定性是指，一个国家或地区的法律法规通常具有较强的稳定性，较少频繁发生变更，因此，在使用法律方法时，一般不因具体的人或事而发生变化，适用性较强。旅游管理法律方法的先导性是指旅游组织在发展过程中可依据相应的法律、法规而开展，从而对未来组织活动进行规划。旅游管理中运用法律方法时，需要注意以下三个方面。

其一，旅游管理组织必须对游客、旅游行业从业人员以及旅游管理者和经营者等进行相应的法律法规教育，帮助他们树立正确的法制观念，并且增强依法办事的意识。

其二，旅游管理中必须以法律方法作为基础，无论在运用任何旅游管理方法时，都须以相应的法律、法规作为前提，严格依法管理，在旅游管理中以法制代替人治，充分做到有法可依、有法必依、执法必严、违法必究。

其三，旅游管理中必须以加强旅游组织内部的制度建设为前提，用科学、严谨和执行细节明确、可操作性强的制度对旅游管理组织内部成员的行为进行规范，使其按制度进行科学管理。

（四）教育方法

旅游管理中的教育方法是指根据一定的目的，对受教育者开展德、智、体、美等科学教育和业务技术培训，以使受教育者提高整体素质、掌握旅游管理技能的方法。教育方法是旅游管理的基本方法之一，其通常与其他旅游管理基本方法相结合使用。旅游管理教育方法与其他旅游管理基本方法相比具有持久性、互动性、形式多样性的特点。

旅游管理教育方法的持久性是以教育的功能为基础对旅游管理教育方法特

点的总结。教育是以改变人的思想、观念为特点，提高人的素质的过程，教育过程通常较为漫长，常常需要数个月甚至数年时间，然而教育一旦产生作用，其所持续的时间也较长，通常会影响人们数年甚至数十年。旅游管理教育方法的互动性是以教育的互动性特点为基础的，教育是一个互动的行为，在此过程中施教者和受教者相互影响和学习，其能力和素质均得到相应的提高。因此，单纯地以知识灌输为主的教育方式并不符合教育规律。在教育过程中，施教者对受教者的影响是一种全面的影响，不仅施教者的专业知识和素养对受教者产生影响，施教者的人格也会对受教者产生较大影响。此外，受教者的学习态度也会对施教者产生相应影响。因此，旅游管理的教育方法具有互动性的特点。旅游管理教育方法形式的多样性是指旅游管理教育的种类多种多样，涉及法律法规教育、思想政治教育、企业文化建设、岗位培训、在职培训、脱产培训等多种形式，不同类型的旅游管理教育所使用的方法不同，因此，旅游管理教育的形式具有较强的灵活性特点。

　　旅游管理教育方法的优点在于，这种管理方法不是通过行政命令进行，也没有强制性，而是通过潜移默化的方式改变旅游组织内部人员的观点，使其形成统一的思想和观念，并将这种思想和观念内化为组织成员的道德观念和职业观念，以此对旅游组织成员的行为进行规范。这种管理方法能够充分激发人们的内在积极性和主动性，从而在旅游管理中收到意想不到的效果。旅游管理教育方法的缺点在于这种方法的局限性较强，通常不能单独使用，必须与其他旅游管理方法结合使用，才能充分发挥其效果。

第三节　旅游管理的职能与任务

　　旅游管理的目的是推动旅游活动的开展，促进旅游组织的发展与壮大，促进旅游经济的发展。本节主要对旅游管理的职能和任务进行详细分析。

一、旅游管理的职能

　　旅游管理的职能是指旅游管理的职责与功能，旅游管理职能是达成旅游管理内容、实现旅游管理目标的基础。旅游管理职能具体可划分为计划职能、组织职能、指挥职能、协调职能、控制职能。

（一）旅游管理计划职能

计划，是指个体或组织为了达成或实现目标而进行的一种系统化的思路和安排。计划能够为个体或组织的行动指明方向，在目标执行过程中减少变化的冲击，确保目标明确，执行到位，计划还能够使个体或组织对目标的执行过程进行把控，便于设立标准，避免在目标执行过程中出现资源浪费。现代经济社会中，任何组织或个体的活动均非一人一力可以完成的，均离不开协作，而为了确保协作过程的顺利进行，一般均需制订科学合理的计划。旅游管理的计划职能是旅游组织在未来一段时期内对其目标的确定以及对实现目标的方法和途径的策划和安排。计划职能是旅游管理的首要职能，旅游组织的管理者通常在对旅游活动进行详细而严谨的调查后，给出科学的判定，从而确定旅游组织的发展目标，并在该目标的基础上制订相应的决策和计划，制订短期规划、中期规划、长期规划等。

旅游管理计划职能具有以下特点：一方面，旅游管理的计划职能具有较强的专业技术性特点。旅游管理的计划职能是旅游组织发展方针和经营目标的体现，其对旅游业发展的资金安排、设备物资消耗和业务经营活动的开展，以及对旅游管理的经济效益有着直接影响。因此，从这一角度来看，旅游管理的计划职能具有较强的专业技术性特点，需要依赖一定的专业技术；另一方面，旅游管理的计划职能具有较强的预测性特点。旅游管理的计划职能包括对未来趋势的预测，并且根据预测结果建立目标，并在此基础上制订各种方案，采取不同的方法和途径以达成组织目标，切实保障组织目标的实现。从这一角度来看，旅游管理的计划职能具有较强的前瞻性和预测性的特点，能够避免旅游组织活动执行中偏航、盲目和资源重置、资源消耗等问题。

旅游管理计划的类型多种多样。旅游管理组织的目标具有多样性，以达成目标而制订的计划具有多样化的特点，相应地旅游管理计划的类型也具有多样性。根据旅游组织活动的特点和要求不同，旅游管理的方法和手段也不一样，从而形成了不同种类的旅游管理计划。例如，根据旅游管理目标达成时间，旅游管理计划可划分为短期规划、中期规划和长期规划，月规划、季规划和年度规划等；根据旅游管理目标的性质，旅游管理计划可划分为经济计划、品牌发展计划等。不同形式的计划又细分为一系列计划指标体系、行动方案和对策，从而共同构成完整的旅游计划体系。

旅游管理计划职能是旅游管理最重要和最基本的职能，能够保障旅游管理目标的实现，推动旅游组织的可持续发展，并且提高旅游组织的经济效益。

（二）旅游管理组织职能

旅游管理组织职能是建立在旅游管理的计划职能之上的一种职能，是旅游管理计划职能的延续。所谓组织，是指人们为了达成某种特定的目标和方案，从而对实现计划目标的各项具体工作进行划分和归类，并且在此基础上成立机构，设置相应的职位并明确不同职位的职责与权力，将不同的计划落实到具体负责人员，从而推动管理计划目标实现和达成的一系列活动。根据这一组织的定义，旅游管理的组织职能主要指使旅游组织活动中的各个要素和环节之间形成相互联系和相互协调的整体，从而充分发挥不同要素、环节和整体的积极作用，以实现组织力量的最大化，从而推动旅游管理计划的目标的实现，提高旅游管理效益。

旅游管理组织职能是旅游管理的根本职能，也是其他旅游管理活动得以开展的前提和保障。旅游管理组织职能的实现是旅游活动能否达成目标的关键。只有正确行使组织职能，从旅游组织的性质出发对旅游组织机构和职位进行科学设置，明确旅游组织中的分工和协作关系，并保障分工和协作关系的连续性和稳定性，才能最终达成旅游管理目标。旅游管理组织职能具体包括组织设计、组织运用、组织条件、组织改善等多个方面的内容，不同方面的具体形式和要求不同。

旅游活动是一项综合性和复杂性较强的经济社会活动，旅游管理组织职能的目标通常具有多样性的特点。不同旅游组织，例如，旅游景区、旅行社、旅游协会、旅游行政部门、旅游景区附近的饭店、停车场等的组织职能目标不同，组织结构形式也不尽相同，体现出不同的特点。在旅游活动中行使旅游管理职能，必须根据不同旅游活动和不同旅游组织的特点。例如，旅游景区和旅游协会的组织存在显著差别，两者的旅游管理组织职能的实行也存在较大差异性。又如，观光旅游和商务旅游这两种旅游活动由于目的不同、性质不同，导致这两种旅游活动的组织形式、目标、计划等均不相同，从而使得这两种旅游活动的组织职能存在较大差异。除此之外，旅游组织是特定社会中的组织，其是社会环境的组成部分，同时也受社会环境的影响，当社会环境发生变化时，旅游组织的计划、条件等也发生相应的变化，推动旅游管理组织职能发生变化，以适应不断发展的时代，保持旅游组织的生机与活力，提高旅游组织的可持续发展性和管理效率。

（三）旅游管理指挥职能

指挥，又称领导，通常是指一个组织内部的管理者率领和引导个人或组织在一定条件下实现既定计划目标的行为过程。对于一个组织来说，有效的领导是保障组织计划得以执行、组织目标最终实现的基础。旅游管理的计划职能和组织职能为组织目标的实现奠定基础，旅游管理领导职能即是在此基础上解决旅游管理计划执行过程中的问题。在旅游管理中，计划是旅游管理的首要职能，组织是实现计划目标的依托和基础，而组织目标的实现不能仅仅依靠计划和组织本身，还必须凝聚组织内部全体成员的力量，才能实现组织目标。

旅游组织作为社会基本组织，有着明确的分工和职责。分工和职责不同，组织成员的个人任务目标不同，个人需求、偏好、性格以及气质均不相同，这使得组织内部成员之间在相互沟通和合作中难免出现各种矛盾和冲突，因此，在组织内部必须设置权威性高的领导者对组织成员进行领导，对组织成员的行为进行指导。

指挥是指管理者带领组织成员在特定条件下实现计划和目标的行为过程。从这一概念来看，指挥是依靠管理者的个人影响力对个体或组织成员进行激励的一种行为过程。旅游管理的指挥职能是指旅游管理者围绕旅游者活动、旅游企业经营活动、旅游经济活动等，借助指导、激励等有效措施，从而有效实现旅游计划目标的一系列活动。指挥职能是旅游管理的重要职能之一。旅游管理作为一项综合性、复杂性较强，涉及多个领域和行业的管理，需要进行大量的分工和合作，因此，需要具有权威的管理者进行统一领导和指挥，以确保旅游活动正常有序进行。旅游管理的指挥职能受到旅游管理者个人领导风格和个人领导影响力高低的影响，而根据旅游管理者的领导影响力分类可以划分为权力性影响力和非权力性影响力。权力性影响力是由旅游管理的领导体制，以及旅游管理者的领导职位和权力决定，非权力性影响力则是由旅游管理者自身的才能、素质，以及旅游管理者的管理风格和领导魅力所决定。旅游管理的指挥职能能否有效发挥受旅游管理者领导力高低强弱的影响。而旅游管理者领导力的高低，则受到旅游组织的领导体制、领导职责和权力，以及领导者个人管理素质、能力和领导艺术的影响。游旅学管理者只有具备较高的个人素质、能力和领导艺术，才能较好地发挥旅游管理的指挥职能作用。

进入21世纪以来，随着现代旅游业的兴起，旅游活动的形式越来越趋向多元化和多样化，在旅游活动实践中需要充分发挥旅游管理者的指挥职能，才能确保在千变万化的旅游实践活动中有效达成旅游管理目标。

（四）旅游管理协调职能

协调是指在社会活动中，个体或社会组织的领导者使用各种各样的科学管理方法和管理手段，从而使社会活动中的各个环节和步骤达到同步与和谐，从而实现社会活动目的的行为。从这一概念来看，旅游管理的协调职能是指旅游管理者围绕旅游管理的目标和要求，结合旅游活动中的各种要素和环节进行统筹、沟通和协调，以确保旅游活动中的计划和目标实现的行为。

与旅游管理的指挥职能相同，旅游管理的协调职能也是旅游管理不可或缺的重要职能之一。旅游活动涉及的领域广、环节多，整个旅游环节十分复杂，影响面广，因此，在旅游活动中必须加强统筹与协调，使整个旅游活动同步与和谐，唯其如此，才能推动旅游管理目标的实现与达成。旅游管理的协调职能可使各旅游要素按照相应的比例发展，并且相互之间彼此协调、共同形成合理的结构，以确保旅游活动的顺利开展。旅游管理的协调职能还能够通过对旅游活动各个环节和领域之间的相互沟通，使各个环节之间相互联系和协作，以达到各个环节之间同步和谐的目的，从而推动旅游活动目标的顺利达成。旅游管理的协调职能还能够通过对旅游活动过程中出现的种种问题和矛盾进行分析和预测，从而及时调节旅游活动中的个体和组织、组织和组织之间的关系，从而减少矛盾，推动旅游活动目标的实现。

旅游管理协调职能的效果主要体现在旅游管理的协作效果、协作效率和协作环境的建设三个方面。旅游管理的协作效果是指在旅游管理过程中通过对旅游活动协调职能的实施，从而有效推动旅游活动既定目标的实现；旅游管理的协作效率则是指在旅游活动开展过程中通过不断协调和沟通个体或组织成员之间的矛盾，满足个体或组织成员之间的具体要求，从而达到不断减少个体组织或成员之间的摩擦和矛盾，在规定时间内达成旅游管理目标；旅游管理的协作环境则是指在旅游活动计划实施过程中，旅游管理者需针对旅游管理环境的变化及时调整原有计划和方案，为旅游活动的开展构建良好的内外部环境，从而确保既定旅游管理计划的顺利实施。

（五）旅游管理控制职能

控制，是指通过各种科学的管理手段和管理方法，使共同社会中个人和组织的活动同步与和谐，从而有效达到共同社会活动目的的行为。[①] 根据这一概念，旅游管理控制职能是指为了确保旅游活动计划目标的顺利达成，从而对旅游活动中的个体或组织活动的过程进行全面监督、检查、调整和评估的一系列活动过程。旅游活动具有综合性和复杂性的特点，旅游管理涉及各个方面的协调和管理，只有建立起有效的旅游管理控制系统，才能确保各项行动完成的方向按照既定的计划进行，最终达成既定目标。

旅游管理涉及各个方面和各个领域，如果没有一个有效的控制系统，旅游活动中的各种因素在实现旅游管理目标过程中极有可能出现偏航现象，从而导致旅游活动最终无法达成既定目标。而如果建立一个有效的、强大的控制系统，那么旅游管理者既可在旅游活动中确保各个因素的协调和配合，从而保证各项行动的方向均朝着达成旅游活动既定目标的方向发展，又能够充分调动员工的工作积极性，以确保旅游管理既定目标的达成。

二、旅游管理的任务

旅游管理的任务，是由旅游管理的性质和职能决定的。从总体上来看，旅游管理任务的确定需符合客观经济规律的要求，并且结合旅游业发展的实际情况，对旅游生产力进行科学组织与管理，在此过程中，合理组织旅游活动，不断完善旅游业生产关系，充分调动旅游劳动者的积极性和主动性，完善旅游组织中的各种上层建筑和旅游规章制度，从而全面提升旅游企业和旅游产业经济，促进旅游管理目的的实现，推动旅游行业的发展。旅游管理的基本任务主要包括以下几个方面。

（一）合理组织旅游活动

旅游管理的首要任务与根本任务即是通过遵循社会生产力的发展规律，按照社会化大生产的客观要求，科学合理地组织旅游活动，最终实现促进旅游活动的顺利健康发展，保障旅游活动目标的达成。

[①] 张秋芬，江五七．旅游管理学 [M]．北京：航空工业出版社，2008：18.

科学合理地组织旅游活动，并且实行旅游活动的科学管理，需要根据世界旅游业的发展目标，结合本国旅游业发展实际以及区域内旅游业规划确定旅游管理的目标，制定旅游管理的短期、中期、长期规划，不断地提高旅游资源吸引能力、旅游交通运载能力、旅游商品供应能力以及旅游服务能力，以不断满足旅游者在旅游活动中的各种需求，为旅游者提供良好的旅游服务质量和科学管理水平，以提升旅游业的发展目标。

旅游管理的主要对象为旅游活动，而旅游活动的组织主要是为了满足旅游者的各种需求，为旅游者提供满意的旅游服务，在此过程中不断提升旅游活动的政治、经济、社会等效益。为了实现这一目标，必须对旅游管理主要对象即旅游者的需求进行分析和预测，明确旅游者的旅游动机和行为，对旅游者的旅游目的和旅游类型进行正确的预判，并在此基础上统筹安排和组织旅游生产要素，对旅游活动进行科学合理的组织和安排。一般来说，一个完整的旅游活动涉及饮食、娱乐、住宿、游览、购物、交通等各种旅游要素和旅游服务，为了保障旅游活动的顺利进行，旅游活动的管理者应加强对各个旅游活动要素的控制和管理。而由于旅游活动的主要对象为旅游者，且旅游活动是一个动态的过程，因此，旅游活动的管理者在此过程中加强动态管理，以确保旅游活动各个环节和任务之间保持合理的比例关系，促进旅游活动的有效发展，最大限度地满足旅游者的目的和需求，推动旅游活动组织企业、旅游活动所在地和所在国家旅游产业的发展，最终实现促进社会区域经济发展的根本目标。

（二）完善旅游行业生产关系

旅游行业是一个综合性较强的行业，涉及多个领域和部门，从旅游行业的外部来看，旅游行业与餐饮、住宿、交通、园林、城建、文物、轻工、商业、银行、广播电视等多个行业之间存在着密切关系；而从旅游行业的内部来看，旅游行业内部的旅游企业与旅游劳动者之间、旅游企业与旅游企业之间、旅游企业与旅游行政单位之间、旅游地区之间、旅游地区与国家之间具有密切的关系等。这些关系错综复杂，必须制订严密的旅游发展计划，以便协调各方面的关系。旅游活动是围绕旅游者而开展的活动，是以其为核心的活动，在这一过程中，必然产生一定的经济关系或生产关系。从这一角度来看，旅游管理的基本任务之一即是完善旅游行业的生产关系，以便使之适应生产力的发展要求，推动社会生产力的发展。

（三）调动旅游行业从业者的积极性

旅游行业涉及多个行业和领域，而旅游行业的劳动者是社会生产力要素中的最基本要素，也是旅游系统诸多要素中最具活力的要素。旅游活动的有效进行，离不开旅游行业从业者的劳动。而旅游管理的对象除了旅游者之外，还应包括旅游行业从业者。旅游行业生产关系的调整和完善必须通过旅游行业从业者的实践来实现。因此，在旅游管理中，只有充分调动每一位劳动者的积极性和主动性，才能推动旅游管理目标的实现。从这一角度来看，旅游管理的基本任务之一即是充分调动旅游行业从业者的积极性。

旅游行业从业者工作的积极性受到主客观因素的影响。从主观因素来看，旅游行业从业者的积极性受个人自身需要、动机、行为、价值观等主观因素的影响；从客观因素来看，旅游行业从业者的积极性受社会环境、文化氛围、人际关系、群体规范等客观条件的影响和制约。因此，在旅游管理中，充分调动旅游从业者的工作积极性不仅需要健全各项规章制度，完善旅游行业从业标准，确保旅游行业从业者的基本权利得到保障，除此之外，调动旅游从业者的积极性，还应对旅游行业从业者的心理特征和行为倾向进行研究，对制约和影响旅游行业从业者积极性的因素进行详细分析，并且运用旅游管理及其相关学科的理论和方法，科学合理地设计劳动组织方式，改善工作环境，丰富工作内容，在旅游管理组织内部构建良好的人际关系，并采取有效的激励手段，充分激发和调动旅游行业从业者的积极性和主动性，使其在工作中充分发挥潜力和创造力，以推动旅游管理目标的达成，提高旅游管理效率。

（四）提高旅游经济效益

经济效益的提高是一切组织管理的基本目标之一。旅游行业作为我国重要的服务行业，其目的是为旅游者提供良好的旅游服务，与此同时，在这一过程中获取经济效益、社会效益等。从这一角度来看，旅游管理的基本任务之一即是提高旅游经济效益。经济效益的提高一般通过尽可能减少劳动过程中的消耗和创造尽可能多的有效劳动成果来实现。旅游管理经济效益的提高，可以通过以下途径来实现。

1. 建立健全旅游管理工作评价标准

提高旅游管理的经济效益，必须建立健全旅游管理工作评价标准，并且将旅游管理经济效益纳入旅游管理工作评价标准体系之中。只有这样，旅游管理者在旅游管理过程中才会通过制订科学的计划，对各种旅游生产要素进行有效配置，并且通过合理组织，以及有效的激励措施，来充分调动各方面的积极性，通过有效的统筹协调，确保旅游管理各项工作的顺利开展，最终达到提高旅游管理经济效益的目的。

2. 借助科学技术的发展提高旅游管理工作

提高旅游管理经济效益还应注重科学技术的发展，科学技术的进步推动着社会生产力不断进步。在旅游管理中，应充分注重并利用先进科学技术的发展，及时将先进的科学技术应用到旅游行业中，从而提升旅游资源整合效率和效果，以满足旅游者不断发展的旅游新需求，最终实现提高旅游管理经济效益的目的。除此之外，旅游行业作为一个服务行业，旅游从业者作为旅游活动中直接为旅游者提供服务的人员，其能力、素质水平的高低直接关系到旅游服务质量的高低和旅游者对旅游过程的满意程度。因此，在旅游管理中加强对旅游从业人员的培训和教育，不断提升旅游服务人员的整体素质和能力，是确保旅游管理经济效益实现的主要途径之一。旅游管理经济效益的提升还应通过旅游管理者综合素质和水平的提高来实现。

3. 正确处理各种旅游经济效益间的关系

旅游管理经济效益的提高还需要建立在正确处理旅游活动的经济效益、社会效益、环境效益之间的关系，以及旅游活动的短期效益和长期效益之间的关系，旅游活动的宏观效益和微观效益之间的关系上。从而在旅游管理中建立以提高旅游经济效益为中心的核心工作，以确保旅游活动的顺利进行，推动旅游经济持续健康发展。

（五）完善宏观旅游管理体制

我国现代旅游行业起步较晚，在历史上受中华人民共和国成立以来管理体制的影响，中华人民共和国成立后相当长的一段时间内我国旅游管理体制处于条块分割的状态。改革开放后，随着体制改革的深入，我国现代旅游行业宏观旅游管理体制也开始进行改革。然而，受客观经济规律和我国现有经济体制的影响，我国国民经济相关产业部门之间和旅游部门内部的分工与协作仍然存在一定的问题，在客观上不利于我国经济的横向经济协作与综合性旅游事业的发展。从这个角度来看，旅游管理的重要任务之一即是完善宏观旅游管理体制。

我国旅游行业的宏观管理主要体现在编制旅游产业发展战略规划、制定旅游产业发展政策、实现旅游业的行业管理和协调等方面。宏观旅游管理体制的完善须充分考虑旅游产业与其他产业之间的协调与均衡，做好旅游管理部门与其他相关部门之间的分工与协作，协调旅游行业内外部各个利益相关者之间的关系，以推动旅游行业的快速发展。

（六）建立健全旅游管理各级领导机构

旅游管理的重要任务之一是根据地方旅游发展的实际需要，建立健全各级旅游管理机构，并明晰各级各类旅游部门或组织的管理职责与范围，通过分工与合作原则明确各个部门或组织具体的职责与任务。旅游管理机构作为确保旅游行业运转的关键机构，应当加强与各级各类旅游组织之间的联系，协调各方面的关系，并且通过制定具体的旅游相关措施，加强旅游管理组织工作。

旅游组织中的旅游企业直接承担着为旅游者提供良好旅游产品和服务、开展旅游活动的职责，在旅游行业起着重要的物质基础和运作保障的作用。旅游企业管理者应不断提高自身的经营管理水平，以推动旅游产品和旅游服务质量的提高，满足旅游者的旅游需求，唯其如此，才能提高该旅游企业在区域旅游市场的占有率，才能提升旅游管理机构的管理效率，达成旅游管理机构的管理目的，才能推动区域旅游经济的规模和可持续发展，进而推动全国旅游行业的发展。从这一角度来看，旅游管理机构和旅游企业之间存在十分密切的关系，当旅游管理机构和旅游企业之间的关系和谐通畅时，才能切实提升旅游企业的综合效益，进而推动我国旅游行业的健康发展。

旅游管理水平的提升应当从两个方面入手，一方面，国家或地方旅游管理部门要加强对所在区域范围内旅游企业的引导、监督和服务，从而促进旅游企业管理的现代化发展；另一方面，旅游企业作为我国旅游行业的基础构成要素，必须紧跟我国国家经济体制改革和我国旅游行业改革形势，深化改革力度，不断提升旅游企业自身的经营和管理水平，以达到促进我国旅游企业和旅游行业发展的最终目的。

（七）保护旅游消费者的合法权益

旅游消费者即旅游者是旅游活动的主体之一，也是旅游产品和旅游服务的主要对象，旅游管理的基本任务之一即为保护旅游消费者的合法权益。旅游消费者合法权益的保护可从以下两个方面入手。

一方面，旅游宏观管理部门可从法律法规角度健全旅游消费者合法权益保护制度。通过加强对旅游企业和相关企业的管理、定期检查、评比等保障旅游产品和旅游服务质量，从而维护旅游消费者的合法权益。除此之外，对旅游过程中出现的损害旅游者合法权益的行为进行相应的法律惩罚，以达到保障旅游消费者合法权益的目的。

另一方面，旅游企业管理部门在旅游经营活动中加强旅游消费者合法权益的保障。旅游消费者作为旅游企业开展旅游经营活动的主体，是旅游企业生产的旅游产品和提供的旅游服务的直接消费群体。旅游企业只有切实维护旅游消费者的合法权益，不断提升旅游产品和旅游服务的质量，才能满足旅游消费者的需要，获得旅游消费者的认可，从而实现旅游企业的经营目标。

综上所述，旅游管理的任务从总体上来看是运用管理学原理，对旅游活动中的各种关系进行协调，并且调动各个旅游活动参与者的积极性，从而推动旅游业的可持续发展。

第四节　旅游管理的发展理念

旅游管理的有效性离不开旅游管理理论和理念的支持，本节主要对旅游管理的理论基础和旅游管理发展理念进行详细分析。

一、旅游管理的理论基础

管理学既是一门自然属性与社会属性相统一的科学，又是一门艺术。旅游管理既是一门独立的管理学学科，又是一种管理思想。

（一）旅游管理的学科理论基础

旅游管理作为一种现代管理学科，是在许多学科的基础上发展起来的，从学科理论来看，旅游管理的学科基础主要包括经济学、社会学、人类学、地理学、心理学、生态学、建筑学基础等。

其中，经济学是旅游管理的重要学科基础，从供给与需求、市场结构理论、市场竞争理论、商业周期理论、产业结构理论等方面，为旅游活动提供了诸多解释与支持，推动了旅游管理的有效发展。

社会学是旅游管理的重要学科基础，社会学中的诸多理论和方法，例如，人的社会化理论、社会运行理论、社会角色理论、社会互动理论、社会群体理论、社会结构理论、社会组织理论、社会城市化理论以及社会问题理论等均为旅游管理学科的发展奠定了基础。

人类学是与旅游学相平行的一个综合学科，人类学与旅游学之间存在着十分紧密的联系。人类学中的一些知识和研究成果在旅游管理中具有十分重要的意义，为旅游管理概念的分析奠定了良好的基础。

地理学作为现代学科中的一门基础学科，又可细分为自然地理学、经济地理学和人文地理学，这三种细分地理学学科所研究的内容在旅游管理中多有涉及，这三门学科的基础理论为旅游管理理论的发展奠定了基础。

心理学是对人类的心理和行为进行研究的学科，旅游活动是以旅游者为主体的活动，也是以人为核心的活动，无论是国家或地方宏观旅游管理机构还是旅游企业在进行旅游管理时，均需对旅游消费者的心理进行详细研究与了解，因此，心理学的一些基础方法为旅游管理的发展奠定了重要基础。

生态学与旅游学均产生于 19 世纪中后期，进入 20 世纪以来，随着旅游行业的发展以及生态环境的变化，一些旅游地区的生态和环境问题逐渐暴露出来，而解决旅游生态相关问题须借助生态学的一些理论知识。

建筑学作为一门基础学科，可细分为城市建筑学、建筑环境与设备工程等学科，旅游管理不仅涉及人的管理，还涉及旅游资源的管理，旅游资源管理中包括旅游建筑资源管理，因此，建筑学的一些基础理论为旅游管理学科的发展奠定了重要基础。

（二）旅游管理的思想理论基础

旅游管理作为一种管理思想，其思想理论基础十分丰富，包括中国古代的管理思想、西方古典管理理论、西方行为科学管理理论、西方现代管理理论以及管理创新思想等。

中国古代管理思想并没有形成完整的体系，然而早在先秦时期，我国哲学家和思想家老子、孔子、韩非子、孙子等从不同角度对管理思想进行了阐释。中国古代管理思想虽然源远流长，然而其中的一些管理理论，例如，孔子主张的在管理中任人唯贤和实行德治，韩非子主张的管理应注意分权和制度建设等管理思想仍然对我国现代旅游管理思想具有较大的借鉴意义。

西方古典管理理论是现代管理学的基础，其发源于早期资本主义时期，而现代旅游管理是现代管理学的分支。西方古典管理理论中的泰罗科学管理理论、法约尔一般管理理论、韦伯行政组织理论等均对现代旅游管理理论的发展起着重要的基础作用。

西方行为科学管理理论产生于 20 世纪初期，其中的人际关系学说理论、需求动机和激励理论、人的特性理论、团体和组织行为理论等为现代旅游管理理论的发展奠定了基础。

西方现代管理理论发源于 20 世纪四五十年代，西方现代管理理论中包含管理过程学派、管理科学学派、行为科学学派、营销管理学派等，这些理论对旅游管理的发展均具有十分重要的影响。

管理创新思想是指管理者系统地利用新思维、新技术和新方法，创造新的有效的资源整合方式，从而达到推动管理系统综合效益不断提高，以使用较少的资源获得尽可能多的综合效益产出的目的。旅游管理的目的之一是提高包括经济效益在内的综合效益，因此，管理创新思想为现代旅游管理理论奠定了重要的思想基础。

二、旅游管理的发展理念

旅游管理的发展理念主要包括人本理念、系统理念、战略理念、创新理念。

（一）旅游管理发展理念之人本理念

人本理论，简而言之，就是以人为本的管理思想，人本理论强调人在管理活动中的重要作用，人是一切管理活动的中心，是管理系统中最为活跃、最具能动性和创新性的因素，也是其他所有因素的基础，在管理系统中居于主宰地位。所谓人本理念，是指在管理中把人看作最主要的管理对象和最重要的管理资源，一切管理工作都必须调动和发挥人的积极性、主动性和创造性，以做好人的工作为根本。[①]旅游管理中的人本理念是管理活动客观规律的反映，也是人们对管理活动发展规律的理性认识。人是社会发展的决定性因素，任何社会活动均离不开人的劳动、服务与管理。人本理论体现了现代社会对人的认识和对人性理解和管理理论的新发展。

旅游管理人本理论思想主要包括视员工为企业的主体，重视员工在旅游管

---

① 刘慧. 旅游管理理论与实践研究 [M]. 北京：中国金融出版社，2016：25.

理中的作用，尊重人性以及以人为中心、为人服务几个方面。

1. 视员工为企业主体

现代管理学对人的认识经历了五个阶段，在五个阶段中分别提出了工具人、经济人、社会人、决策人和复杂人的观点，表现了现代学者对人在企业中的作用的认识。20世纪，马斯洛需求层次理论提出后，人们开始借助这一理论对人性进行分析。根据马斯洛需求层次理论，人的社会属性对人的社会需要起着决定性作用，由于人的社会需要十分复杂，因此，人的行为动机也十分复杂。除此之外，人类除了基础的物质需求外，还具有十分复杂的精神需求。从这一角度来看，人不仅具有社会属性，属于社会人，还是一个决策者和复杂人。

2. 重视员工在旅游管理中的作用

无论哪一种管理，实现有效管理，不仅需要制定严格的规章制度和组织纪律，以确保组织内部的员工明确各自的职责，并且在工作中保持较高的效率。然而，这种单纯的制度管理和约束虽然能够在管理中起到良好的效果，然而实际上却并不能完全保障管理目标的达成。而在管理中重视员工的作用，通过科学的管理方法确保员工参与管理，并且将员工的个人利益和企业利益结合起来，往往会收到意想不到的管理效果。旅游管理也是如此。

3. 尊重人性

人本管理要求对人的管理必须遵循人性化特点，在任何一个社会管理体系中，均不可避免地涉及分工与协作。无论员工的职位高低，所有员工在人格上均处于平等地位。尊重人性的特点是人本管理的出发点和终极目的。在旅游管理中，管理者应重视人性，根据人性的特点制定和实施各种管理制度和管理方法。

4. 以人为中心，为人服务

人本管理强调以人为中心，为人服务。人是管理的主体，只有做到以人为中心，充分尊重人的权益，认识人的价值，关心人的生活，并且为人提供充分而优厚的发展条件，才能确保人在企业中得到发展，才能实现人的发展目标。在旅游管理中也是如此。只有以人为中心，为人服务，才能充分激活旅游组织的生机与活力，才能最终实现旅游管理目标。

为了确保在旅游管理中贯彻人本理念，应当遵守行为原则、能级原则、动力原则和纪律原则，将人本理念贯穿于旅游工作的各个方面和环节，不仅在旅游组织内部充分尊重员工的权力和利益，还应从游客的需求出发，充分尊重游客在旅游活动中的各种要求，以达到游客满意为目标，树立旅游业的良好形象。

（二）旅游管理发展理念之系统理念

所谓系统是指由若干相互联系、相互作用的部分组成的，在一定环境中具有特定功能的有机整体。[①]系统的基本条件包括要素、结构、功能、活动、信息、环境，它们之间存在相互依赖、相互作用的关系。系统具有目的性、集合性、层次性、相关性等特点。其中，系统的目的性是指，系统的各个要素均具有定量目标，系统的目的十分明确。如果系统的目的不明确，将会引发管理混乱。系统的集体性特点是指一个系统包含两个或两个以上子系统，构成系统的子系统称为要素，要素是构成系统的基本条件。从这一角度来看，系统具有集合性特点。系统的层次性是指任何系统结构均是有层次的，构成系统的子系统以及更小级的系统之间处于不同的层次地位。不同层次之间的地位具有相对性，而系统层次则是客观存在的。系统的相关性是指系统内部各个要素之间存在着相互依存和相互制约的关系。系统中某一个要素的变化均会对整个系统的发展产生影响。

系统理论应用到旅游管理中，要求管理者在对旅游活动进行经营和管理时，必须从整体上看待实际问题，通过利用系统方法对旅游组织内部和外部、局部和整体、眼前目标和长远目标之间的关系进行协调。旅游系统管理的特点主要包括以下几个方面。

（1）旅游系统管理优化的整体性，是指系统管理模式以追求系统整体效能的最优化为目标，而非单一某个指标的最优化。旅游管理不同于其他管理，根据旅游管理各个要素的不同，旅游管理实践具有较强的能动性特点。

（2）旅游系统管理目标的系统性。系统管理模式必须规定组织总体奋斗目标，并且通过对总体目标的分析和分解，从而明确各个部门和岗位的目标，以上形成相互依存的目标网络体系。

---

① 谢希钢，张志勇，江劲松，魏勇军，张平芳. 管理学原理 [M]. 长沙：湖南科学技术出版社，2006：32.

（3）旅游系统管理过程的完整性。系统管理模式将管理活动视为一个完整的过程，而非某一个或某几个环节。

（4）旅游系统管理主体的全员性。系统管理模式主张实行全员管理，发动全体员工的积极性和主动性，通过全体员工共同参与目标的制订和计划的实施，以使员工实现自我控制的目标。

（5）旅游系统管理职能的综合性。管理职能通常围绕目标的计划、组织、领导和控制等活动，这几个方面相互影响、相互渗透、相互制约，它们之间的关系难以割裂，因此，系统管理常常十分注重管理职能的综合性特点。

（6）旅游系统管理方法的先进性。管理方法的先进性则是指在进行系统管理模式中，常常运用现代科技的最新成果，实施有效管理。

（7）旅游系统管理程序的循环性。系统管理模式是一个由若干管理步骤形成的管理闭环，一个环节与一个环节相连接，周而往复，无限循环。

旅游管理中系统管理的原则包括整体性原则、结构性原则、相关性原则、动态性原则。除此之外，旅游管理是一个动态的过程，因此，应对旅游管理实行动态管理，此时应遵循反馈原则和弹性原则，以便根据旅游活动内外部环节的变化进行变化。

（三）旅游管理的战略理念

战略，原为军事概念，随着社会生产力的发展和市场经济的发展，以及现代信息技术的普及和推广，战略一词逐渐被应用于经济组织领域。所谓战略，是指组织在分析企业外部环境和内部条件的基础上，为了求得生存与发展，为实现总体目标及根本对策所做出的全局性的、长远的谋划。任何社会组织如果没有战略，就不能获得长远的发展。在组织的战略发展中，战略定位十分重要。社会组织只有在战略上定位准确，才能顺应时代潮流，在发展过程中面对千变万化的社会环境，才能及时抓住机遇加快发展。相反，如果一个社会组织的定位不明确，那么其发展必然会遭遇挫折。当前，随着社会市场经济的深化发展，以及科技信息技术的进步，社会竞争越来越激烈，以企业为主的社会组织从某种意义上来说已进入战略竞争时代，企业的战略定位、战略思维成为企业在市场竞争中获得成败的主要原因。旅游企业也是如此。

组织战略管理的主要特点如下：

（1）组织战略管理的全局性特点，是指组织的发展必须根据战略进行，组织的战略对组织的经营管理活动具有较强的制约作用。组织管理者应对组织的总体发展和目标以及发展对策进行严格谋划，着眼于组织的整体化发展。

（2）组织战略管理的长远性特点，是指组织战略管理要以组织在未来一段时期内的总体发展问题进行规划，这一规划期为组织未来的数年甚至十数年、数十年的发展指明了方向。因此，进行长远规划是组织战略的特点之一。

（3）组织战略管理的抗争性特点，是指社会组织在社会主义市场经济中面临着激烈的市场竞争，而随着社会竞争越来越激烈，组织战略的正确与否成为组织在市场竞争中的胜败兴衰的关键。只有组织制定了正确的战略，才能增强组织的竞争力，从而战胜对手，推动组织的快速发展。否则，如果组织战略管理的竞争性较弱，组织战略不正确，那么必然导致组织受损，危害组织利益。

（4）组织战略管理的稳定性特点，是指组织战略一旦制定，则不可随意更改，须保持相对稳定性。因此，在制定组织战略时，应对组织发展的内外部环境进行详细分析，以便确保组织战略适应组织较长一段时间的发展。组织战略管理虽然具有一定的稳定性特点，然而当组织所处的环境发生变化时，还需对组织的战略进行调整，使其适应组织的发展要求。

旅游管理作为组织管理的一种类型，也具有组织战略管理的特点。在进行旅游组织战略管理时，应结合组织战略管理的特点，构建旅游组织战略体系，并且遵循环境适应原则、全过程管理原则、全员参与原则、整体最优原则、反馈修正原则。

（四）旅游管理的创新理念

任何一个社会组织均离不开创新。对于社会组织来说，如果没有创新，就失去了发展的动力，旅游组织也不例外。创新作为一个独立的概念是由西方经济学家熊彼特提出的，他指出，创新是对"生产要素的重新组合"，创新包括生产新产品、采用新的生产方法、开辟新市场、获得新的原材料供给来源、新的企业组织形式等。继熊彼特的创新概念之后，国内外其他学者也纷纷对创新理念进行了全新的阐释，不断拓展创新内涵。

旅游管理的创新理念具有不确定性、保护性和破坏性、必然性和偶然性、被排斥性、复杂性、时效性、动态性的特点。其中，旅游管理创新理念的不确定性是指旅游组织的创新受到市场、技术、战略等因素的影响。旅游组织作为一个社会性组织，离不开市场需求，然而市场未来的需求变化受多种因素的影响而很难预测，因此，旅游管理的创新具有不确性。任何一项创新都必须以技术作为核心基础，然而技术创新需要面临技术与市场的结合、新技术与现行技术系统之间的不一致性等不确性，导致旅游管理的创新具有不确定性。任何社会组织的发展均需依靠战略定位，然而在重大技术创新和重大投资项目的战略的制定上具有较强的不确定性，导致旅游管理的创新具有不确定性。

旅游管理创新的保护性和破坏性是指不同的创新会对旅游组织产生不同程度、范围、性质的影响。一些创新的技术价值和可应用性高，能够提升旅游组织的市场竞争力，从而对旅游组织具有较强的保护性作用；一些创新不仅不会创造较高的技术价值，还会对旅游组织现有的技术和资产产生破坏作用，降低旅游产品质量和服务，无法满足市场竞争的需要，从而对旅游组织产生较强的破坏性。

旅游管理创新的必然性和偶然性是指任何一种组织管理均存在不可复制性，这一特点决定了旅游组织必须进行管理创新。这种管理创新是随着时代的发展和科技的进步而必然产生的，建立在大量的实验、调研和严谨思考的基础上，因此，旅游管理创新具有必然性。除此之外，在旅游管理创新中还存在一些偶然性创新，使得旅游管理创新具有一定的偶然性特点。

旅游管理创新的被排斥性是指创新活动通常会打破人们原有的生产或生活习惯，因此，当处于一定的社会和市场环境中时，组织创新常常会受到来自组织内部的阻力和排斥，旅游组织的管理创新也是如此。从这一角度来看，旅游管理创新具有较强的被排斥性特点。

旅游管理创新的复杂性是指任何一个社会组织均面临着复杂的市场环境。从理论上来看，组织创新只需在上游增加基础研究投入，即可直接促进新产品和新技术的开发与应用。然而，在现实社会实践中，创新则可能发生在组织管理的任何环节和阶段，许多创新并非由单一因素决定的，而是由多种复杂因素经过一系列复杂的、综合的相互渗透和共同作用发展而来。

旅游管理创新的时效性是指社会组织的创新大多由市场需求激发出来。在创新活动初期，社会组织的主要创新活动为产品创新；而当新产品创造出来并被客户接受后，社会组织的主要创新活动转变为过程创新，以提升产品生产效率；当产品创新和过程创新达到一定程度后，社会组织的主要创新活动转变为市场营销创新，以提高新产品的市场占有率。之后随着市场新需求的出现，又会出现新的产品。从这一角度来看，任何一种组织创新均具有时效性，旅游管理创新也是如此。

旅游管理创新的动态性是指任何社会组织的创新均处于变化和发展之中，随着旅游组织内外部环境的变化，旅游管理创新要素也会不断发展变化。从这一特点来看，旅游管理创新具有较强的动态性特点。

旅游管理创新能够使旅游组织更好地适应环境，为旅游组织的持续发展提供动力，还能够保持组织活力，提高旅游组织的综合竞争力；此外，旅游管理创新还是实现组织最优化的存在状态。旅游管理创新包括观念创新、目标创新、技术创新、制度创新、结构创新、环境创新等多项创新内容。在旅游管理创新中应遵循创新与维持相协调的原则、开拓与稳健相结合的原则、统一性和灵活性相结合的原则、奖励创新和允许失败相结合的原则。

第二章　智慧旅游的基础认知

第一节　智慧旅游的源起与发展

智慧旅游概念是随着现代科技信息技术的发展而逐渐兴起的，人类社会发展至今相继经历了原始社会、农业社会、工业社会与信息社会四个阶段。当前，人类社会正处于信息社会飞速发展时期，随着科技信息技术的发展，尤其是互联网信息技术和通信技术的发展，现代社会的智慧旅游、智慧城市、智慧效能、智慧家居等"智慧+"系列逐渐出现，未来社会呈现出智慧化发展的泛化发展阶段。本节主要对智慧旅游产生的背景、发展现状、发展意义进行详细阐释。

一、智慧旅游源起的背景

"智慧旅游"这一概念源于"智慧地球"和"智慧城市"理念。早在 2008 年，国际商用机器公司（International Business Machine，IBM）首先提出"智慧地球"概念，指出智慧地球的核心是以一种更智慧的方法通过利用新一代信息技术来改变政府、公司和人们相互交互的方式，以便提高交互的明确性、效率、灵活性和响应速度。① 2010 年，IBM 公司在"智慧地球"的概念上进一步提出了"智慧城市"的概念，指出 21 世纪人们进入"智慧城市"阶段，能够充分运用信息和通信技术，对支撑城市运行的关键信息进行分析和整合，这些信息包括民生、环保、公共安全、城市服务、工商业活动等，并对城市中各个方面的需求进行智能响应，从而为人类创造更加美好的城市生活。在此基础上，"智慧旅游"的概念应运而生。2010 年，江苏省镇江市首次提出了"智慧

① 吴国清，申军波．智慧旅游发展与管理[M]．上海：上海人民出版社，2017：2.

旅游"的概念，并提出大力倡导和开展"智慧旅游"项目建设。2011 年 7 月，在全国旅游局长研讨会上首次使用了"智慧旅游"概念，并提出中国争取使用 10 年左右的时间初步实现"智慧旅游"。

智慧旅游源起的背景主要包括以下几个方面。

（一）供给需求背景

旅游活动是一项十分复杂的社会活动。从旅游者的角度来看，开展旅游活动，需要制定浏览路线，进行游览目的查询、游览信息收集、门票预订以及解决旅游过程中的饮食、住宿、交通、购物等难题，而智慧旅游的出现能够使旅游者在网络上查阅旅游信息、订购景点门票，并且解决旅游过程中出现的种种难题。除此之外，智慧旅游还可依托互联网技术、LBS 等技术对旅游者的旅游行为和旅游心理进行深入分析，并在此基础上建立价值评判和资源配置体系，以实现旅游市场趋势预测、旅游环境预警、旅游产品价值分析，建立旅游细分市场。尤其在我国供给侧结构性改革深化时期，旅游者需求的变化对我国的旅游服务水平提出了更高要求，要求我国旅游服务行业能够为旅游者提供灵活性和适应性更强的旅游产品。而智慧旅游的发展为适应旅游消费市场的变化，促进旅游服务水平、管理水平和营销水平的提高奠定了坚实基础。

近年来，随着我国经济社会改革的深化，我国人民的生活水平逐渐提高，旅游消费呈现出大众化态势，然而由于每个旅游景区的承载能力有限，对我国旅游业规模化发展产生了较大阻力。尤其是我国"五一""十一"等黄金周时期，国内游成为许多旅游消费者的选择，使得国内知名景区人满为患，严重影响了旅游消费者的消费体验，并且导致我国知名景区面临着安全问题、交通问题、食宿问题等。因此，加强智慧旅游建设，加强高峰期旅游消费者的管理成为我国旅游景区面临的迫切问题，也是我国旅游业健康发展的必经阶段。加强智慧旅游建设，不仅可以为旅游者提供各种便利，而且能够帮助旅游景区及时传送和挖掘旅游者、旅游资源、旅游经济、旅游活动等方面的信息，不断提升旅游体验和旅游品质，以满足旅游消费者的个性化和特色化旅游需求。因此，从旅游行业的供给与需求方面来看，智慧旅游已成为我国大众旅游时代提升旅游行业整体服务水平和旅游品质的助推器。

（二）行业竞争背景

从旅游行业背景来看，现阶段随着世界科技信息技术的发展，西方发达国家和地区已建立起了集吃、住、行、游、购、娱为一体的综合信息应用系统，将信息技术与旅游行业的各个环节相结合，初步取得了较大成效。在经济全球化的大背景下，中国旅游行业与其他国家的旅游行业处于竞争关系，当前以云计算、物联网和高速互联网等新型技术为基础的智慧旅游尚处于初始阶段，中国旅游行业与其他国家在智慧旅游发展方面均处于同一起跑线。而智慧旅游中对云计算、物联网和高速互联网等信息技术的整合，能够有效促进我国旅游业的信息化发展，提升我国旅游行业的服务质量，为我国旅游业从传统服务业向现代服务业转变奠定基础，从而提升我国旅游行业在国际旅游市场的竞争力。

（三）科技发展背景

近年来，随着互联网信息技术的发展，智能手机的发展、城市 Wi-Fi 热点建设进程的加快以及 5G 网络的开发，使得以移动通信网络技术为基础的网络服务成为现实。在社会实践中，人们只需要拥有一台可以自由连接网络的智能手机，就可以随时、随地、随心地获得和使用旅游信息。而随着大量旅游门户网站和旅游平台的建立，越来越多的旅游消费者在进行旅游活动时依靠互联网、移动互联网和物联网等技术手段获取旅游产品和旅游服务信息，在旅游活动过程中，借助信息技术进行项目查询、预订、支付等，以实现旅游活动的导游、导览和导购；在旅游活动结束后，旅游消费者还会借助互联网信息技术手段进行旅游体验分享、交流。

除此之外，近年来，我国互联网、大数据、云计算等信息化技术相继应用到旅游行业的各个环节，为我国智慧旅游的发展奠定了基础。尤其是随着 VR 技术的发展，智慧旅游中的虚拟旅游开始兴起，并且借助各个互联网平台，推动着我国智慧旅游的内涵不断丰富，智慧旅游的框架体系不断完善。

（四）理念变革背景

理念变革是指从单个旅游项目的开发到全域旅游的开发，近年来，随着我国经济体制改革的深化，旅游经济成为我国第三产业中的重要产业。我国旅游开发理念已从传统的单一旅游项目的开发，朝着全域旅游理念变革。旅游开发离不开前期的调研阶段、中期的建设施工阶段以及后期的旅游产品推广阶段，这几个阶段均离不开智慧旅游的支持。全域旅游的开发前期需要进行大量资源调研、项目可行性研究论证，以及消费需求的调查、各种旅游设施的规划等，这类工作烦琐，工作量大，利用传统的技术方式不仅涉及大量行业和领域，而且调研时间长，调研过程中极易产生种种不确定的状况。而借助信息化技术，则会大大节省前期调研阶段的人力、物力和财力。在项目建设阶段和项目传播、推广阶段，借助信息化科技，不仅能够提高全域旅游开发建设的质量和速度，而且能够提高全域旅游开发效益。从这一角度来看，我国从传统单一旅游项目理念向全域旅游开发理念转变，为我国智慧旅游的发展奠定了基础。

（五）政策支持背景

近年来，为了促进我国全域旅游的发展，有效整合旅游资源，快速提升旅游信息化水平，我国出台了大量推动智慧旅游发展的政策。早在 2009 年，国务院就出台了《关于加快发展旅游业的意见》，其中就提到了"建立健全旅游信息服务平台，促进旅游信息资源共享"；2011 年，《中国旅游信息化"十二五"发展规划》确定了 18 个智慧旅游试点城市。

2014 年，国家旅游局将"智慧旅游"作为主题，开启了"智慧旅游"主题年，同年，一大批互联网旅游网站，如携程、途中、驴妈妈、去哪儿等一大批互联网在线旅游平台与企业利用"互联网＋旅游"或"智慧＋旅游"，在中国甚至全世界率先抢占智慧旅游市场，从而引发了新一轮旅游产业的大发展、大进步。2015 年 1 月，国家旅游局发布了《国家旅游局关于促进智慧旅游发展的指导意见》，其中提出了一系列指导旅游发展的意见。2015 年 9 月 19～20 日，中国"旅游＋互联网"大会在常州召开，此次大会的主要任务是深刻认识"旅游＋互联网"的时代背景和战略意义，并且明确未来旅游业和互联网的融合发展趋势和工作重点。在此次中国"旅游＋互联网"大会上，国家旅游局与中国电信、中国移动、中国联通三大电信运营商和阿里巴巴、腾讯、百度三大互联网企业签订了战略合作协议，并且发布了《国家旅游局关于实施"旅游＋互联网"行动计划的通知》，要求各地旅游部门大力发展智慧旅游，并指出到 2018 年实现我国互联网技术在旅游业各个领域的深度整合发展，2020 年实现网络化、智能化、协同化国家智慧旅游公共服务平台基本形成的目标。2017 年，国务院发布《"十三五"全国旅游信息化规划》，进一步明确了 2020 年智慧旅游达成的目标。2020 年，文化和旅游部、国家发展改革委等十部门联合印发《关于深化"互联网＋旅游"推动旅游业高质量发展的意见》，其中指出："到 2022 年，建成一批智慧旅游景区、度假区、村镇和城市，全国旅游接待总人数和旅游消费恢复至疫情前水平。到 2025 年，国家 4A 级及以上旅游景区、省级及以上旅游度假区基本实现智慧化转型升级，全国旅游接待总人数和旅游消费规模大幅提升，对境外游客的吸引力和影响力明显增强。"

（六）经济发展背景

近年来，随着我国社会主义市场经济改革的深化，我国商业发展模式不断创新，诞生了许多新的商品领域和商业发展模式。而商业模式的创新对科技发展的依赖性较高，智慧旅游能够催生出新的商业发展模式，而这些新的商业发展模式有利于推动我国旅游业的改革和发展进程。例如，随着我国互联网信息技术的发展，以信息技术为基础的各类打车、租车、拼车服务平台相继发展起来，极大地改变了我国传统的出租车商业模式。而智慧旅游的兴起和发展，则进一步推动了各种线上交通平台的崛起以及分享经济的发展。这些新的商业平台和全新的经济理念所代表的是一种全新的生活方式和商业模式，极大地改变了我国旅游消费者的出行方式、消费习惯和旅游体验效应，形成了全新的旅游分享经济生态系统。从这一角度来看，智慧旅游的兴起和发展具有鲜明的经济发展背景。

二、智慧旅游发展意义

智慧旅游的兴起和发展对我国社会主义社会经济的发展具有十分重要的意义。

（一）智慧旅游能够推动智慧城市建设

智慧旅游与智慧城市之间存在着相互依存的密切关系。一方面，智慧旅游的兴起和发展，依托于智慧城市信息化技术平台的建设与创新，唯其如此，才能实现旅游资源的交流和共享。其中，智慧城市的产业建设能够为智慧旅游的公共服务提供基础和支撑，智慧城市中的智慧社区、智慧交通、智慧文化创意产业等行业则与智慧旅游行业紧密相连，为智慧旅游平台的搭建提供支撑与便利；另一方面，智慧旅游作为智慧城市的重要组成部分，以及智慧城市理念在旅游领域的具体应用和体现，智慧旅游体系的建设和发展，在客观上起着推动智慧城市发展、完善智慧城市功能、提升智慧城市形象的重要作用。由此可见，智慧旅游在推动智慧城市建设中起着十分重要的作用。

（二）智慧旅游能够推动我国供给侧结构性改革

旅游活动是一个涉及多个行业和领域的复杂性和综合性的活动，智慧旅游以旅游消费者为中心，在物联网、大数据、云计算等信息技术的支撑下，能够为旅游消费者提供自主性、个性化和互动性强的旅游需求，不断提升旅游消费者的旅游体验，从而为旅游行业创造更多更大的价值。智慧旅游全产业链涉及旅游活动的吃、住、行、游、乐、购、体、疗、学、悟等多个行业产业的协作与整合，智慧旅游在为游客提供超预期旅游体验的同时，还可以提升旅游管理效率，同时还能够推动与旅游行业相关的行业或企业的管理和服务水平，从而为我国传统旅游产业的升级改革提供技术支撑。此外，智慧旅游还能够对区域城市乃至不同区域城市的社会经济起到拉动效应，在推动我国传统旅游行业改革的同时，还通过整合旅游资源、优化旅游资源配置，对其他旅游相关行业的改革和创新起着不可忽视的带动作用。

（三）智慧旅游能够推动我国经济的发展

早在 2015 年我国《政府工作报告》中提出了"大众创业、万众创新"的概念，之后，大众创业、万众创新成为我国经济发展的热词，2018 年 12 月 20 日，"双创"当选为 2018 年度经济类十大流行语。2020 年，在全国"大众创业、万众创新"活动周上，再次强调大众创业、万众创新在我国经济发展中所起的重要基础与支撑作用。大众创业、万众创新通过倡导大学毕业生、返乡农民工和专业技术人员进行自主创业，推动我国经济的发展。旅游业作为涉及领域较多、综合性较强的服务业，是大众创业、万众创新的活跃领域之一。而在大众创业、万众创新活动中，科技是创新和创业的基础，也是旅游行业创新和创业的核心动力。智慧旅游的兴起与发展是建立在信息技术的基础之上的，对我国旅游行业的创新和创业具有较强的带动作用。

（四）智慧旅游有助于构建立体化旅游发展体系

智慧旅游涉及旅游景区、旅行社、旅游消费者、旅游酒店、旅游商品、交通等多个部门，智慧旅游能够借助科技信息技术深化旅游产业链，重构旅游产业链形态，将旅游产业链从单一价值链升级为多维价值网，从而增加旅游产业的附加价值。例如，智慧旅游中的在线旅游通过借助互联网技术以信息制造和信息传输为载体，以旅游产品和旅游服务供应商、在线旅游中间商和旅游消费者作为主体，从而建立在线旅游产业链，形成一系列旅游产品和旅游服务生产、传送、消费过程。智慧旅游还可以借助信息技术创新旅游产品和旅游服务模式，从而对旅游消费者的行为模式、旅游企业的经营模式以及旅游部门的行政管理模式进行创新和改革，从而构建整个旅游产业立体化发展体系。

（五）智慧旅游有助于提升旅游消费者体验

智慧旅游对传统旅游模式进行了较大改变，智慧旅游改变了旅游消费者旅游信息获取、旅游出行以及旅游商品和服务选择等一系列传统旅游模式。随着我国各级各类旅游门户网站与旅游服务平台的建立，旅游消费者获得旅游信息的方式发生了较大改变，从之前的大众媒体或口耳相传的旅游信息获取，到借助互联网景点官方网站、旅游点评网站、自助出行网站等网络平台主动查询旅游信息，从而极大地改变了旅游消费者获取旅游信息的方式，使旅游消费者能够根据自身的旅游需求有针对性地选择合适的旅游信息。从旅游出行方式上来看，旅游消费者传统的通过旅行社出游方式，正朝着旅行社团体游、自驾游、个人游等多种出游方式相结合的形式转变。从旅游商品、服务选择等方面来看，当前我国一些旅游网站已开始为旅游消费者提供预约服务，从而较为全面地提升了旅游服务质量和水平，极大地提升了旅游消费者的旅游体验。

三、智慧旅游发展阶段

智慧旅游是以信息科技的发展与进步为依托的新型旅游，其发展阶段与信息科技的发展息息相关。根据信息科技的发展与革新，可以将智慧旅游划分为三个阶段，即智慧旅游的信息化阶段、智慧旅游的数字化阶段和智慧旅游的智慧化阶段。

（一）智慧旅游的信息化阶段

我国智慧旅游的信息化阶段自 20 世纪 80 年代持续至 21 世纪初期，这一阶段我国旅游信息化发展较为缓慢，然而却为我国智慧旅游的发展奠定了坚实的基础。

20 世纪 50 年代，信息技术开始在西方发达国家崛起并逐渐应用到民生领域。1959 年，美利坚航空公司与 IBM 公司联合开发了计算机航空订位系统，标志着国外旅游信息化的起源。我国的信息技术发展与西方发达国家相比，起步稍晚，然而发展速度较快。20 世纪 80 年代，随着信息技术在全球范围的发展，引发了全球性产业革命，推动了各个产业领域的信息化发展，我国的信息技术也获得了较快发展。20 世纪 80 年代，随着信息技术渗透到我国的旅游行业，我国的旅游信息化应运而生，推动我国旅游业发展步入智慧旅游的信息化阶段。1982 年，浙江省计算机所成功研发了中国第一套酒店管理系统的前台软件（Property Management System，PMS），该软件于 1984 年投入杭州饭店试用，拉开了我国酒店业自主研发酒店信息管理系统的先河。之后，信息科技在旅游相关行业中的应用越来越广泛。21 世纪前后，随着我国信息科技发展步入快车道，我国旅游信息化获得了较快发展。2000 年 6 月，中国开通了"青旅在线"，这是中国青年旅行社的电子商务网站，是我国较早开设的旅行类专门电子商务网站。2002 年，我国正式开始实施旅游业信息化系统工程——金旅工程。金旅工程的实施，加快了我国旅游的信息化建设，推动我国智慧旅游进入旅游数字化阶段。

（二）智慧旅游的数字化阶段

2004 ～ 2008 年是我国智慧旅游的数字化阶段。2004 年，原国家建设部提出了"数字景区"示范工程战略，标志着我国正式进入智慧旅游的数字化阶段。

2004 年，原国家建设部推荐黄山风景区和九寨沟风景区纳入国家"十五"科技攻关计划重点项目"城市规划、建设、管理与服务数字化工程"课题之中，并将其作为该课题的子课题"数字景区示范工程"的重点，正式开启了我国景区旅游信息化与数字化发展。2006 年，原国家建设部将黄山、九寨沟等 24 个风景区纳入我国首批国家级风景名胜区数字化试点单位。2010 年，为了进一步加快我国旅游景区的信息化建设，我国原国家建设部城建司发布了《关于国家级风景名胜区数字化景区建设工作的指导意见》，为推动旅游景区的数字化建设奠定了政策基础，进一步加快了我国旅游景区的数字化发展。

除了旅游风景区的数字化建设之外，这一时期，旅游相关行业和领域的数字化建设也取得了较快发展。2006 年 11 月，北京贵宾楼大饭店与清华同方建立了合作关系，清华同方开始为北京贵宾楼大饭店提供客房宽带互联网和互动电视服务。这一事件极大地推动了我国酒店管理和酒店经营的信息化建设。2008 年，安美数字服务集团成立，该公司致力于为我国酒店行业提供数字化服务解决方案，专业数字服务商的出现为我国酒店行业数字化快速发展奠定了基础。智慧旅游的数字化阶段建立在旅游及相关行业网络化的基础之上，在旅游业的信息化和智慧化发展中起着重要的承上启下的作用。

（三）智慧旅游的智慧化阶段

2008 年至今为智慧旅游的智慧化阶段。自 2008 年起，我国"智慧旅游"

概念提出后，我国智慧旅游正式进入智慧化阶段。2010 年，江苏省镇江市率先在全国范围内提出了"智慧旅游"的概念，推动我国智慧旅游进入全新篇章。近年来，随着我国云计算、物联网、大数据等信息技术的发展，我国智慧旅游进入快速发展期，"智慧景区""智慧酒店""智慧旅行社"的发展理念层出不穷，推动我国智慧旅游进入新的阶段。

四、智慧旅游的发展趋势

智慧旅游的发展现阶段已进入快速发展期，纵观智慧旅游的发展趋势，主要体现在以下几个方面。

（一）引领世界旅游发展潮流

智慧旅游倡导以旅游消费者为中心，进行绿色旅游和科技创新，借助云计算、物联网、高速通信技术等信息高科技不断提升旅游服务质量，改革旅游服务方式，培养旅游消费者消费习惯，不断提升旅游消费者的旅游体验，成为受世界各国旅游消费者欢迎的旅游方式。从国内外智慧旅游的发展阶段来看，当前，世界各国的智慧旅游均处于同一起跑线，世界各国均在智慧旅游方面发力，从这一角度来看，智慧旅游引领着世界旅游的发展潮流。对我国旅游业来说，智慧旅游建设与发展推动着我国旅游业从传统服务业朝着现代服务业转变。智慧旅游建设中的智慧旅游示范城市、产业园区、示范企业的建设，能够强化我国智慧旅游装备的制造，开发智慧旅游应用软件，创新智慧旅游产品与服务等，以不断提升我国旅游行业的科技含量，不断增强我国的旅游创新能力，从而使我国旅游业从传统的服务业朝着知识密集型和高信息含量的现代服务业转变。

智慧旅游还推动着旅游行业与其他行业的交叉与融合。旅游活动本身是一个综合性和服务性较强的活动，智慧旅游在互联网信息技术的影响下，进一步加深了旅游行业与交通行业、通信行业、游戏行业等领域的交叉与融合，具有较强的关联性、带动性特点，在引领世界旅游发展潮流的同时，进一步推动了相关行业的融合发展，催生了共享单车、虚拟旅游体验等多种新业态，而这些新业态的出现反过来进一步推动了智慧旅游的发展。

（二）提升科技集成的竞争优势

社会发展与进步离不开生产力的提高，智慧旅游的发展是在信息科技发展基础上发展起来的，对信息技术中的大数据、物联网、云计算等技术具有较强的依赖性，因此，未来智慧旅游的发展离不开对互联网信息技术的创新研究，只有加强网络与信息安全维护，才能构建安全开放、自由有序的健康智慧旅游体系。

智慧旅游属于发展概念，出现时间较短，中西方学者对智慧旅游概念的定义尚且没有定论，而智慧旅游的技术标准、建设发展模式等均处于发展和探索阶段，因此，未来哪个国家的智慧旅游发展较快，在国际旅游市场上的竞争力高，哪个国家对智慧旅游的探索经验丰富，即可以参与智慧旅游标准的制定和技术整合、经营模式的探索等，从而在世界旅游产业中获得较多助益。为此，智慧旅游在未来发展中必然会在"云端"模式的总体框架下将云计算中心、物联网、大数据、高速互联网等技术进行整合研究，从而不断提升我国科技集成的竞争优势。

（三）构建智慧旅游评价标准

任何新事物的产生均需经受实践的检验，智慧旅游作为一个新生事物，自其概念提出后，即引发了国内学者的广泛关注。当前，由于智慧旅游正处于发展过程中，因此，智慧旅游并没有形成统一的评价标准。近年来，随着智慧旅游的不断发展，国内关于智慧旅游评价体系的研究逐渐兴起，不同学者从不同维度对智慧景区的评价体系进行了详细探讨。然而，当前阶段虽然"智慧旅游"已成为我国旅游业的普遍共识，然而在旅游实践中，许多旅游行业的管理者对"智慧旅游"概念的认识较为模糊，导致许多旅游企业的智慧化建设水平不高，远未形成统一的智慧旅游标准。而未来智慧旅游的发展必然要建立起完善而统一的智慧旅游评价标准，因此，从这一角度来看，构建智慧旅游评价标准是我国智慧旅游未来重要的发展趋势。

（四）探索旅游创新平台

智慧旅游的发展需要智慧系统应用平台的支撑，智慧旅游系统应用平台是一个信息集成系统，能够借助大数据、物联网、云计算等技术将旅游相关行业和领域的信息联结起来。例如，通过借助旅游景区物联网的监控信息，可以对旅游景区内的动态客流量进行监控，并对景区不同景点的客流量进行控制，以免造成大批客流拥挤，使旅游消费者产生不良的旅游体验。又如，借助景区内部的物联网监控信息，还可对景区内部的生态环境、文物遗产等情况进行实时监控，以避免旅游消费者在游览过程中对景区生态环境和景区文物遗产的破坏。此外，借助各种信息技术还可以将景区经营信息实时传至虚拟数据中心，并对各种景区消费数据进行详细分析和统计，从中发掘出旅游消费者的消费需求和消费习惯，供旅游景区或相关行业的管理者进行管理决策和管理创新，以推动智慧旅游景区管理的高效化、合理化发展。

（五）满足旅游者个性需求

智慧旅游借助信息科技终端设备和工具，为旅游消费者提供优质旅游体验。这种旅游消费打破了以往以旅行社组织为主的团体旅游方式，更加注重旅游者的个性化需求。例如，旅游消费者可以借助景区的网络宣传平台了解景区的产品和服务，并通过网络与景区工作人员对话，完成旅游信息咨询、网上预约、网上购买门票等事宜，还可订制私人旅游线路，根据旅游消费者的兴趣和喜好自由安排个人旅游日程，为旅游消费者提供独具特色的旅游服务。除此之外，当旅游消费者到达景区后，还可根据需要选择导游服务、讲解语种、风格等。除了实地旅游之外，旅游消费者也可借助虚拟科技辅助系统进行全面、直观、深入的旅游体验。随着智慧旅游发展的深入，为旅游消费者提供独具个性的旅游活动将是智慧旅游发展的新趋势。

第二节　智慧旅游的内涵与理论基础

智慧旅游是以信息技术为依托的，为旅游者提供个性化、便利化和智慧化旅游体验的新型旅游模式。本节主要对智慧旅游的内涵与特征、智慧旅游的理论基础进行详细阐释。

一、智慧旅游的内涵与特征

智慧旅游是旅游信息化发展的高级阶段。智慧旅游这一概念提出后，中外学者从不同角度对智慧旅游的定义进行了概括，对智慧旅游的内涵与外延进行了总结。

王辉在《智慧旅游》一书中指出，智慧旅游是指利用云计算、物联网等新技术，通过互联网（或移动互联网），借助便携的终端上网设备，主动感知旅游资源、旅游经济、旅游活动、旅游者等方面的信息并及时发布，让人们能够及时了解这些信息，及时安排和调整工作与旅游计划，从而达到对各类旅游信息的智能感知、方便利用的效果。①李云鹏在《智慧旅游规划与行业实践》中指出，智慧旅游是旅游者个体在旅游活动过程中所接受的泛在化的旅游信息服务。泛在化的旅游信息服务导致旅游信息流重构、旅游业务重组、旅游组织优化，也引起了旅游信息组织方式、旅游管理方式、旅游营销方式、旅游者接待服务方式的根本性改变。②张建春则在《智慧旅游导论》中指出：智慧旅游主要是通过互联网以及数字技术将信息、通信技术与传统的旅游配套服务设施融合，使旅游的食、住、行、游、娱、购等传统功能与文化、资讯、信息、环境、教育、制度、秩序等新功能更加有效地融合在一起，并向旅游者提供服务的一种理念与方法。③

根据以上学者对智慧旅游定义的阐释可以看出，智慧旅游是以云计算、物联网、大数据等信息技术为依托，将旅游配套服务整合在一起，为旅游消费者提供个性化、便利化和智慧化旅游体验的新型旅游模式。

（一）智慧旅游的内涵

智慧旅游的内涵包含五个方面。

1. 智慧旅游的核心

智慧旅游的核心是为旅游消费者提供个性化、泛在化旅游信息服务，大力提升旅游者旅游体验质量。

智慧旅游与传统旅游相比，更加倾向于为旅游消费者提供个性化服务。传统旅游通过电视、广播等大众媒体传播手段以及线下传播方式为旅游者提供各种旅游信息服务，这些旅游信息服务对所有旅游消费者均是相同的。旅游消费者需要对这些旅游信息进行区别和选择，并在线下旅游时从中选择某一种或几种服务和产品。智慧旅游则通过借助互联网信息技术，实现在线旅游信息传播与共享，旅游消费者通过各种旅游信息平台即可实现在线选择旅游产品和服务，较大地提升了旅游信息的服务效率，满足了旅游者的个性化、定制化需

---

① 王辉. 智慧旅游 [M]. 北京：清华大学出版社，2012：9.

② 李云鹏，安金明，涂卫东，蒋骏，黄超. 智慧旅游规划与行业实践 [M]. 北京：旅游教育出版社，2014：10.

③ 张建春，陈亮. 智慧旅游导论 [M]. 杭州：浙江工商大学出版社，2015：4.

求。除了为旅游消费者提供个性化服务之外，智慧旅游还为旅游消费者提供泛在化旅游信息服务。这里的泛在化是指立即到达任何地方的能力或无处不在。随着互联网信息技术的发展，网络信息技术应用到人们的生活中，无所不在地为人们提供各种服务。智慧旅游以互联网信息技术作为技术依托，将所有旅游产品、旅游服务以及获取这些旅游产品和服务的资源整合并发布到各个网络平台上，使旅游消费者随时随地即可借助手机、电脑等终端设备获取旅游信息产品和服务。这种服务即为泛在化的旅游信息服务。

2. 智慧旅游的表现形式

智慧旅游包含智慧旅游服务、智慧旅游管理、智慧旅游营销三种主要表现形式。其中智慧旅游服务是指借助信息技术和通信技术，使旅游消费者在浏览和选择旅游信息、制订旅游计划、支付旅游产品和服务、实地游览、评价旅游过程等环节中享受智慧旅游体验。智慧旅游管理是指借助信息技术实现旅游景区内部管理和服务部门与旅游景区和旅游相关行业之间各种信息共享和联动，从而提升旅游服务效率和旅游消费者体验水平。智慧旅游营销是指借助信息技术应用，构建智慧旅游平台，传播优秀的旅游产品和旅游服务，实现旅游信息的快速传播与共享，为旅游消费者提供个性化、便捷化的旅游服务。

3. 智慧旅游的主要服务对象

智慧旅游的服务对象首先为旅游消费者，为旅游消费者提供便捷的旅游信息、产品和服务。除了旅游消费者之外，智慧旅游还为政府管理机构、旅游企业、旅游目的地居民提供旅游信息服务。智慧旅游有助于实现旅游经营部门、旅游管理部门以及旅游目的地之间的融合发展，满足各个旅游活动利益方的需求，维护他们的最大利益，提升旅游业发展的整体效益、社会效益和环境效益。由于智慧旅游涉及旅游相关部门之间的协调与互动，智慧旅游的发展还需依赖整个社会信息化水平的发展。

4. 智慧旅游的主要技术支撑

智慧旅游主要以云计算、大数据、移动互联网、物联网等新一代信息通信技术作为技术支撑。一方面，智慧旅游借助云计算、大数据、移动互联网、物联网等新一代信息通信技术进行旅游信息采集、转换、处理，将现实生活中的旅游信息转换为适合在大众媒体和互联网终端设备上传播的视频、图片、文字、声音、动画等，并通过各种互联网终端设备将这些信息分享和传播给旅游消费者，实现旅游消费的个性化和泛在化服务；另一方面，智慧旅游借助云计算、大数据、移动互联网、物联网等新一代信息通信技术对旅游者在旅游活动中的各种行为进行深入分析，发掘旅游热点，为旅游消费者定制个性化、精细化、科学化的旅游产品，并进行精准营销，提高旅游服务的科学化水平，满足旅游消费者的各种旅游需求。

5. 智慧旅游驱动旅游业转型升级

我国传统旅游发展方式是一种粗放式的发展方式，这种发展方式不可避免地造成一定程度上的旅游资源的浪费。智慧旅游则通过信息技术对旅游资源进行整合，推动旅游业朝着集约式转变。智慧旅游通过对旅游信息的整合，将旅游景区、旅游地政府、旅游地居民、旅游消费者等紧密联合在一起，借助智慧旅游发展理念和信息技术，推动旅游业的模式创新和转型升级。

（二）智慧旅游的特征

智慧旅游与传统旅游模式相比，主要具备以下几个特征。

1. 智慧旅游基础设施的现代化特点

智慧旅游以信息技术作为依托，其基础设施建设具有现代化的特点。智慧旅游的基础设施包括基于旅游目的地层面的旅游基础设施，例如，智慧旅游综合管理平台、智慧旅游公共服务平台、旅游信息数据库、旅游信息安全体系；基于旅游经营企业层面的物联网信息感知系统，例如，景区内部的各种监控设备、电子门票与刷录设备、无线网络设备、智能移动终端设备等。这些基础设施均以现代技术为基础，以确保旅游信息的快速、准确采集、共享、交换和更新，为智慧旅游经营、管理、营销奠定基础。

2. 智慧旅游信息服务的泛在化特点

智慧旅游借助物联网技术、大数据、云计算等技术，获取包括食、住、游、行、购、娱等一系列旅游信息，并通过信息技术将这些旅游信息发布到专门的旅游咨询网站、旅游景区官方网站，以及借助电话、短信、新媒体等平台和渠道传播给旅游消费者，使旅游消费者能够随时随地通过多种途径获取各种旅游信息，从而为旅游消费者的智慧化旅游体验奠定基础。除此之外，智慧旅游还为旅游消费者进行个性化旅游提供了出行、购物、支付等种种便利。

3. 智慧旅游消费者体验的互动化特点

智慧旅游中旅游消费者的旅游体验打破了传统意义上的旅游消费体验，呈现出互动性强的特点。智慧旅游中旅游消费者体验的互动性特点主要表现在以下两个方面：一方面，智慧旅游通过对旅游消费者需求的了解，能够为旅游消费者提供个性化的旅游信息服务，从而实现旅游消费者与旅游信息服务设备之间的智能互动。例如，智慧旅游通过对旅游消费者以往旅游消费习惯的分析，以及旅游消费者在线关键词搜索，可以为旅游消费者提供专门的、符合旅游消费者需求的旅游信息。当旅游消费者变换搜索关键词时，智慧旅游信息系统还可对旅游消费者的新需求进行判断，并提供符合旅游消费者新需求的旅游信息。另一方面，智慧旅游还可以为旅游消费者和旅游目的地政府管理部门、旅游企业之间的互动、交流提供平台，及时将旅游消费者的需求、意见和建议传播至旅游目的地政府管理部门和旅游企业，以帮助旅游目的地政府和旅游企业及时了解旅游消费者的各种反馈，并以此为依据对旅游产品和服务进行改善，以提升旅游消费者满意度，促使旅游消费者主动在网络平台上分享该旅游目的地的游览体验，以吸引更多旅游消费者，传播旅游目的地产品和服务。

4. 智慧旅游经营管理的协同化特点

智慧旅游涉及旅游企业内外部之间的协同与配合：从旅游企业内部来看，涉及各个部门之间的协同与配合；从旅游企业外部来看，涉及旅游企业与交通、气象、卫生、安全、环境等外部各部门之间的协同与配合，需借助各种社会资源和信息科技手段实现跨部门资源共享，从而为旅游者提供全面、及时、贴心的旅游服务。除此之外，智慧旅游经营管理的协同化还能够促使旅游企业内外部之间进行有效的资源配置，提高旅游企业和相关行业企业之间的快速响应能力与应急管理能力。

二、智慧旅游的理论基础

智慧旅游是 21 世纪产生的一种全新的旅游发展理念，然而智慧旅游的理念并不是凭空产生的，而是建立在多种理论的基础之上。这里主要对智慧旅游的理论基础进行详细分析与阐释。

（一）旅游系统理论

旅游系统理论是在系统理论的基础上发展起来的一种理论，1977 年，美国文化人类学者贾法利（J. Jafari）指出，为了更好地理解旅游业，应当将旅游业作为一个整体或作为一个系统进行研究。从系统论的角度来看，旅游系统由旅游市场、旅行、目的地和市场营销四部分组成，以需求和供给作为纽带连接在一起。旅游系统理论为人们正确认识旅游系统提供了科学理论和方法。张伟强指出，旅游系统应包括四个部分，即客源市场系统、出行系统、目的地系统、支持系统。其中，客源市场系统包括区域旅游市场、国内旅游市场、国际旅游市场；出行系统包括交通设施、旅行服务、信息促销；目的地系统包括吸引物（自然遗产景观、文化遗产景观、主题公园、活动组织）、设施（基础设施、接待设施、康乐设施、购物设施）和服务；支持系统包括政策法规、环境保证、人才资源。

旅游系统理论在智慧旅游建设和发展中起着重要作用，主要表现在两方面：一方面，旅游系统为智慧旅游建设框架的搭建、智慧旅游方案的实施提供各种理论指导。旅游系统理论明确了旅游产品和服务、旅游信息、交通、营销、自然与社会环境等因素在旅游系统中的地位和作用。在智慧旅游建设的框架搭建和智慧旅游方案的实施过程中，均必须考虑各个旅游要素在旅游系统中的作用和地位，以及不同要素之间的关系。另一方面，智慧旅游可以对旅游系统的整体功能进行优化，推动旅游业转型升级。智慧旅游能够借助旅游信息传播与共享加强旅游系统各个环节之间的联系，从而实现旅游企业、旅游企业主管部门、旅游地居民、旅游消费者等旅游主体之间的协同与联动，从而为旅游消费者提供高品质的旅游服务，提高旅游企业的整体效益，带动整个国民经济的发展。

（二）供应链管理理论

供应链一词最早于 20 世纪 80 年代由美国学者侯里瀚（Houlihan）提出，之后经过国内外学者不断改进与完善。现阶段，供应链的概念多用于强调企业的核心地位。所谓供应链是以企业为中心，由业务相关联的企业构成的网链结构。供应链管理是指以提高企业个体和供应链整体长期绩效为目标，对特定企业内部跨职能部门边界的运作和在供应链成员中跨企业边界的运作进行战术控制的过程。[①] 从本质上来看，供应链管理是以提高客户满意度作为宗旨，以市场需求的劳动力为原动力的一种管理模式。供应链管理强调处于同一个供应链上的企业之间须建立紧密的风险共担、利益共享的联系。供应链管理中应将其

---

① 鲍润华．智慧旅游理论与实践研究 [M]．成都：电子科技大学出版社，2017：36.

中的所有节点企业作为一个整体进行管理。供应链管理能够起到缩短产品生产时间、优化产品生产过程、减少产品生产中的原材料采购、产品库存和运输等成本的作用。根据供应链管理理论，旅游供应链管理是一种以满足旅游消费者对旅游产品和服务的需求为目标，以旅游景点为核心形成的旅游产品设计、生产、组合、销售等企业共同构建的网链结构。旅游供应链为智慧旅游的建设提供了重要的理论基础。旅游供应链作为一种专门为旅游消费者服务的供应链，其运作过程以旅游信息的畅通、传播、共享为基础，因此，旅游供应链管理特别强调旅游信息的管理；而智慧旅游建设可以为旅游消费者提供及时、准确的信息，便于旅游消费者和旅游企业及其相关企业之间进行交流与沟通。除此之外，旅游供应链管理理论还为智慧旅游各个环节的优化、控制和运作提供了借鉴，便于智慧旅游整体框架和各个环节的建设。

（三）体验经济理论

体验经济这一概念是由美国经济学家 B. 约瑟夫·派恩（B. Joseph Pine）和詹姆斯·H. 吉尔摩（James H.Gilmore）撰写的《体验经济》一书中提出来的。这本书指出，体验经济将代替服务经济成为未来经济发展的潮流。体验经济与其他经济相比，最大的特点为互动性、烙印性、高增值性。旅游业以满足旅游消费者的需求为核心，十分适合发展体验经济。根据体验经济理论，体验经济时代消费者的需求和消费方式的转变是引发市场需求变化的主要原因。根据这一理论，旅游业不应当仅仅为旅游消费者提供简单的、大众化的旅游产品和服务，而应当为旅游消费者提供满足其需求的个性化、特色化产品和服务，以帮助旅游消费者实现较高层次的追求，提升旅游消费者的旅游体验。旅游体验具有综合性、无形性、强个体性、高参与性的特点。以体验经济理论为指导，智慧旅游建设，一方面为旅游消费者提供包括食、住、行、游、购、娱等在内的线上服务，旅游消费者可以根据个人兴趣和意愿，自主选择旅游信息、旅游方式、旅游活动等，从而提升旅游消费者的旅游体验，增强旅游者的愉悦感和满意度；另一方面，体验经济理论为智慧旅游景区的建设提供了旅游指导，有利于智慧旅游建设的普及。

（四）定制理论

定制理论是指以满足顾客的个性化需求作为核心和基础的全新的营销理念

和营销方式。就旅游行业来说，当前我国旅游行业已进入旅游大众化时代，随着人们旅游观念的转变，越来越多的人喜欢进行定期旅游。而随着旅游人数的增多，旅游消费者的需求也呈现出多样化和个性化的特点。传统旅游模式中的线路重复、形式单一的旅游方式已不能适应旅游多元化需求的发展趋势，能够满足旅游消费者个性化、多样化需求的定制需求成为未来旅游发展的新趋势。定制旅游的核心是为了满足旅游消费者的个性心理，而对旅游企业来说，为旅游消费者量身定做旅游产品和旅游服务可以开发新的旅游经济增长点，帮助企业应对差异化的市场竞争。

定制理论为智慧旅游建设奠定了基础，智慧旅游则为定制旅游创造了更好的基础条件。智慧旅游依据大数据、云计算、物联网等技术，能够对旅游消费者的旅游喜好进行分析，并能够持续观察旅游消费者喜好的变化，对旅游人群进行细分，从而为旅游消费者开发具有个性化和定制化的产品和服务。从这一角度来看，定制理论为智慧旅游建设奠定了理论基础，而智慧旅游则为定制旅游的建设和发展创造了更好的技术条件。例如，构建定制旅游技术平台、创新定制旅游发展模式等。

（五）产业融合理论

所谓产业融合，是指不同产业或同一产业中的不同行业之间相互交叉、渗透，最终融为一体，形成全新产业的动态发展过程。产业融合是一种全新的经济现象，这一经济现象最初在大众媒体领域出现，后来逐渐扩展至其他行业。旅游业作为一种综合性、复杂性强的行业，与其他相关行业之间存在较强的交叉性和互补性。旅游产业与其他相关产业之间的融合发展能够极大地提升旅游产业的竞争优势。产业融合理论为智慧旅游的发展奠定了理论基础。一方面，智慧旅游是旅游产业和信息化产业融合发展的结果。信息产业发展涉及信息化基础设施建设、信息化技术开发、信息化社会应用等多个方面，为旅游信息化建设和智慧旅游发展奠定了物质基础和技术基础。从这一角度来看，产业融合理论在智慧旅游建设和发展中起着十分重要的作用。另一方面，旅游企业及其相关企业的智慧化发展加快速了旅游产业和相关产业的融合发展。智慧旅游的概念的提出和发展是在智慧城市、智慧交通等多个旅游相关企业的基础上发展起来的。从这一角度来看，产业融合理论为智慧旅游的发展奠定了重要理论基础。

（六）消费者行为理论

消费者行为理论是 19 世纪末至 20 世纪 30 年代出现的经济理论。之后，消费者行为学逐渐发展成为一门独立的应用学科，以研究消费者在获得、使用和消费产品和服务过程中表现出来的心理活动特征和行为规律的学科。消费者行为理论学科的主要观点包括决策过程论、体验论、刺激反应论等。消费者行为理论是从对消费者在消费过程中心理活动的研究，对消费者在社会实践中的消费行为进行分析的理论。消费者是智慧旅游的主要服务对象，从这个角度来看，消费者行为理论适用于智慧旅游发展方面。消费者行为理论对智慧旅游的影响主要表现在两个方面。一方面，智慧旅游的发展促使旅游消费的行为特征发生改变。智慧旅游依托信息技术将旅游信息发布到线上，便于旅游消费者对旅游信息进行筛选，改变了旅游消费目的地对旅游信息的接受、获得方式，以及旅游出行方式、旅游交易方式以及旅游项目和路线的选择等，使旅游消费者的行为特征发生了较大变化。另一方面，智慧旅游的发展有利于旅游管理部门和旅游企业对旅游消费者的行为分析。智慧旅游借助各种信息技术，将旅游消费者在实地旅游中的各种行为转化为数据，对旅游消费者的行为特征和规律进行分析，并总结出一定的规律，从而帮助旅游管理部门进行旅游决策，同时便于旅游经营者和管理者制订旅游开发和营销策略。

（七）信息服务理论

信息服务理论是在第三次科技革命的基础上发展起来的。第三次科技革命推动了计算机发明与应用、信息技术的发展与创新，并推动了信息技术在社会各行各业的应用。信息服务作为一种独特的高科技服务，具有不可转移性、即时性、无形性和异质性、增值性、需求多样化和动态化、有限性等特征。其中，前四个特征是一般服务均具备的特征。在这里，我们仅对信息服务的独特特征进行详细阐释。信息服务具有增值性特点，这是由于信息服务的过程本身即是增值过程，在进行信息服务时，服务人员需结合消费者的需求对信息进行分析、选择和整合，体现出较强的增值性特点。信息服务需求的多样化和动态化特点是由信息消费者的主观性和动态性所决定的。信息服务的有限性是指信息服务受信息主体的认识和处理能力，以及信息存在和流动的物质条件的限制。

智慧旅游建设以信息技术为依托，信息服务理论对智慧旅游的影响主要体现在以下两个方面：一方面，智慧旅游能够为旅游者提供公共旅游信息服务。

公共旅游信息服务作为信息服务的细分领域，具有信息服务的特点。智慧旅游建设首先需要为旅游消费者提供公共旅游信息服务，并通过对旅游信息传播过程中的信息选择、加工、过滤、增加、重组、整合，使公共旅游信息的价值在智慧旅游建设中不断深化和增值。另一方面，智慧旅游建设中为旅游消费者提供的公共旅游信息服务作为一种信息服务，在客观上应当遵循信息服务理论的普遍规律。

（八）行为决策理论

行为决策理论最初是在 20 世纪 50 年代在阿莱斯悖论和爱德华兹悖论的基础上提出的，行为决策理论以人的有限理性作为前提，认为人的知识、想象力和计算能力受到社会复杂环境和不确定性的影响是有限的。决策者在进行决策时易受到知觉偏差的影响，因此，决策者在进行决策时应尽可能做到全面，并且准备多个备选方案。行为决策理论为智慧旅游建设和发展中的决策行为和决策模式的建立奠定了理论基础。一方面，智慧旅游发展能够帮助旅游主体进行合理决策。智慧旅游借助大数据、物联网、云计算等技术为旅游消费者、旅游企业经营者和管理者的决策行为提供了较为全面的信息参考。对旅游消费者来说，其可以通过对线上的旅游信息进行对比和选择做出符合个体兴趣和需要的最佳旅游决策。对旅游经营者和决策者来说，旅游经营者和决策者可以通过对旅游消费者行为的分析，对旅游消费者进行细分，从而制订针对性强的旅游经营和管理决策方案。另一方面，智慧旅游发展改变了旅游消费者、旅游企业经营者和管理者的决策行为模式。智慧旅游的发展促使旅游消费者从依赖旅行社到自主收集旅游信息，做出最佳旅游方案。智慧旅游的发展使旅游企业经营者和管理者将旅游消费者行为大数据的收集和分析作为决策依据，形成智慧旅游决策行为模式。

三、智慧旅游的服务对象

智慧旅游系统建设的最终目的是提升旅游业的发展，从智慧旅游的服务对象来看，智慧旅游的服务对象主要包括旅游消费者、旅游企业和旅游监管机构。

旅游消费者是智慧旅游系统的主要服务对象，也是智慧旅游系统的主要使用者。旅游消费者在开展旅游活动时，利用旅游景区官方网站和第三方旅游信息网站获取旅游相关信息。例如，旅游景点介绍、旅游电子门票及优惠券、智能导游、旅游线路规划咨询、在线交流与投诉、报警求助等。

旅游企业是智慧旅游系统的主要建设者、使用者和维护者。旅游企业通过借助智慧旅游系统对旅游消费者的消费行为进行分析，从而获取旅游消费者的消费偏好，根据旅游消费者的喜好推出相应的旅游产品和服务。此外，旅游企业还可以使用智慧旅游平台进行旅游营销广告的投放，并与其他相关联企业进行业务交易往来。智慧旅游建设还可以为旅游企业提供景区综合安防、景区客流管理、车辆及停车管理、业务统计分析、数据挖掘、资讯发布、广告营销推介和旅游电子商务等。

除了旅游消费者和旅游企业之外，旅游监管机构也是智慧旅游的服务对象。智慧旅游建设可以使旅游监管机构通过旅游企业及其上下游企业在线发布的信息获取企业的动态信息，对企业的运行状态和决策进行动态监控，还可以通过旅游消费者在线发布的旅游评价对旅游企业的行为进行监督。

第三节　智慧旅游的功能与价值

一、智慧旅游的功能

智慧旅游具有社会功能、经济功能、文化功能、科技功能、环境功能等多种功能。

（一）智慧旅游的社会功能

智慧旅游作为一种以信息技术为依托的旅游形式，具有较强的社会功能，主要体现在旅游资源整合、公共服务、应急救援、社会治理等方面。

1. 智慧旅游的资源整合功能

智慧旅游是以物联网、大数据、云计算等技术为基础，将旅游相关资源整合在一起，其不是对单一旅游资源的利用，而是有机整合了各类旅游资源，并且在智慧旅游的发展中除了对旅游资源的整合之外，还对其他社会资源进行整合。例如，智慧旅游中的旅游企业可以借助信息技术对旅游产品资源、旅游技术资源、旅游市场资源、旅游人力资源等进行整合；旅游管理机构则可借助信息技术对包括土地资源、媒体资源、信息资源等在内的各种社会资源进行整合，将各种各类社会资源进行优化整合，以提高资源的利用率，创造更大的社会价值，最终达到提升智慧旅游社会实效的目的。

2. 智慧旅游的公共服务功能

智慧旅游的服务对象不仅包括旅游消费者和旅游企业，还包括主管旅游的政府组织机构。而政府机构构建智慧旅游体系的出发点即是为社会提供公共服务。智慧旅游体系建立后，在为旅游消费者和旅游企业提供便利的同时，还能够为社会公众提供各类服务。例如，城市交通引导系统、安全事故预警系统等，均可为社会公众提供相关公共服务。从这一角度来看，智慧旅游具有较强的公共服务功能。

3. 智慧旅游的应急救援功能

智慧旅游的应急救援功能主要体现在发生公共危机时的救援方面。旅游活动作为一种复杂性和综合性较强的社会活动，一旦发生公共危机事件将会对旅游消费者或旅游企业、旅游相关领域造成较大影响，此时即可体现智慧旅游的应急救援功能。智慧旅游的应急救援功能主要通过借助物联网、云计算和调整互联网等信息技术实现。当发生公共危机时，处于公共危机中的旅游消费者或旅游企业工作人员可以借助移动互联网终端智能设备，例如，手机、智能穿戴设备等，对外发出求救信号，将自身所处的危机情况发布出来，让更多人了解，从而体现出智慧旅游的信息接收功能；这些求救信号借助旅游景区或交通中无所不在的物联网监控设备或通信设备获取后及时传播给有关部门，便于有关部门及时组织救援活动，从而化解危机，这体现了智慧旅游的联动功能；智慧旅游体系在危机发生时可以在短时间内将相关信息发布出来并扩散到整个社会，体现出智慧旅游的信息扩散功能。通过信息传播和接受、联动和扩散功能，智慧旅游的应急救援功能得以较为系统地体现，从而达到预防重大公共危机事件发生、减少公共危机时的损失、保护人民的生命财产安全的目的。

4. 智慧旅游的社会治理功能

智慧旅游的社会治理功能主要体现在智慧旅游的信息发布与传播、旅游消费者旅游体验评价等方面。智慧旅游能够借助信息技术实现信息发布、共享、接收等功能。旅游消费者不仅可以借助智慧旅游体系及时了解和获取旅游信息，在旅游活动中或旅游活动结束后，旅游消费者还可以借助智慧旅游体系分享旅游体验，揭露旅游活动中旅游企业、饭店、住宿、交通等相关部门的不法行为，从而有利于旅游行业的政府主管部门采取相应的措施对旅游活动中的不法现象进行治理，传播社会主义道德观和法律观，从而实现智慧旅游的社会治理功能。

（二）智慧旅游的经济功能

智慧旅游除了具有较强的社会功能外，还具有较强的经济功能。智慧旅游的经济功能主要体现在促进线上旅游业务的开展、提升旅游企业的竞争优势等方面。

1. 促进线上旅游业务的开展

传统旅游活动中经济功能的体现大多集中于线下经营模式，当旅游消费者产生旅游意愿时，通过前往旅行社获得相关旅游信息，并进行旅游产品和服务订购，之后，旅游消费者在旅游实践活动中可前往旅游酒店、购物商店、旅游目的地现场等地进行产品或服务的购买。在旅游产品和服务购买前，旅游消费者较难获得充分的旅游消费相关信息。由此可见，传统的旅游活动中呈现出旅游市场信息不透明的现象，旅游消费者在旅游活动中产生的经济行为需要借助旅游中介机构实现。这种传统的旅游消费不利于旅游消费者进行旅游信息获得和旅游消费决策的最优选择，在一定程度上抑制了旅游消费者的旅游需求。而智慧旅游则借助信息技术实现了旅游信息线上发布、共享和传播，使旅游消费者在进行旅游消费之前即可较为便捷地从网络平台上获取相关的旅游消费信息，明确旅游活动过程中各项活动的具体花费，便于旅游消费者进行旅游预算控制；此外，智慧旅游的建设还可以为旅游消费者提供个性化的旅游服务，旅游消费者在旅游活动中的消费还可自主选择线上预订或线下消费等多种消费方式。旅游企业线上旅游业务的开展为旅游者提供了较强的自主性、个性化和便利性，有利于刺激旅游消费，提升旅游者的消费意愿。

2. 增加旅游企业的投入

智慧旅游建设需要进行相应的基础设施和设备建设，还需进行相应的技术购买和人才培养。从经济发展的角度来看，智慧旅游需要政府和旅游企业增加固定成本投入。然而，这种短期内增加的固定成本可以较大地提升旅游企业的市场竞争力，从这一角度来看，智慧旅游建设中的成本投入可视为企业的增值投资，能够为旅游企业带来长期收益。除此之外，智慧旅游建设可以提升旅游企业的信息传播与共享速度，便于旅游企业直接与旅游消费者进行沟通和交流，从而更加精准地了解旅游消费者的旅游需求，并且为旅游消费者提供具有个性化的旅游产品和服务，及时获取旅游消费者的意见和建议，并进行旅游产品和服务创新与改进，从而树立旅游企业的良好形象，提升旅游消费者的旅游意愿，维护与旅游消费者之间的关系，最终达到提高旅游企业经济效益的目的。

（三）智慧旅游的文化功能

智慧旅游作为优化公众旅游服务的重要渠道，除了具有较强的社会功能和经济功能外，还具有较强的文化功能。主要体现在物质文化、制度文化、行为文化、精神文化等方面。

1. 物质文化

智慧旅游建设中使用的物联网、大数据、云计算等技术大多会被旅游消费者感知，而政府和企业在智慧旅游建设中进行的建筑物建设、设施建设等则是承载信息技术的直接物质载体，这些物质载体可以建设成为科技与旅游相结合的科技实物、特色建筑、特色设备等。这些直接的物质载体作为科技文化的体现，能够被旅游消费者直接感知，从而形成一种独特的物质文化。例如，旅游景区中科技感强的特色建筑、特色设备等，均承载着较强的实体文化。

2. 制度文化

智慧旅游作为一种技术建设，并不存在明确的制度，然而，智慧旅游建设中却暗含着一定的制度文化认同。在智慧旅游建设中，政府和旅游相关企业在发布旅游信息时，也倡导旅游活动中各个利益相关者之间主动学习和了解相应的法律法规、道德规范和行为准则，并且在旅游活动中遵守相关法律制度和行为规范。智慧旅游制度文化对旅游活动中的各个利益方具有较强的约束作用，在旅游活动中一旦出现不符合法律法规和道德规范的现象，即可运用法律和相关制度进行解决，形成法制与德治相结合的、便于人们自觉遵守的文化。例如，旅游消费者在旅游活动中出现的在文物上刻字、随意攀折景区珍贵花卉等行为，就会受到社会的谴责；又如，旅游饭店或旅行社、旅游购物场所出现的宰客行为，则会受到相关法律的制裁。

3. 行为文化

智慧旅游改变了传统旅游方式，推动了人们旅游行为文化的发展与变迁。

在传统旅游活动中，旅游消费行为主要发生在线下，旅游消费者在旅游活动中的消费行为主要发生在线下与旅行社之间。旅行社往往承担着替旅游消费者购买景区门票、安排旅行路线和交通、导游，以及挑选购物门店等事宜，旅游消费者的旅游活动中受到旅行社的较大制约。智慧旅游改变了传统的旅游方式，提高了旅游消费者的旅游自主性和个性化。智慧旅游时代，旅游消费者的消费行为从线下转移到了线上；从依赖旅行社到增强自主性，从之前以旅行社组织为主的团体游向以旅游消费者为主的自助游转变；从传统旅游时代的旅游景区人工导游讲解为主，发展到智慧旅游时代人工导游讲解和智能设备讲解相结合。以上旅游行为方式随着智慧旅游的发展而发生了改变，形成了独特的旅游行为文化。

4. 精神文化

智慧旅游以现代信息技术作为核心，现代信息技术本身并不能改变人类的精神文化，也不能强化精神文化，然而却能够起到推动现代信息与文化和旅游精神文化的作用。智慧旅游可通过推动旅游的发展促进精神文化功能的形成。智慧旅游中的精神文化主要起到倡导文明旅游、保护生态环境、弘扬爱国精神等作用。智慧旅游借助信息技术能够对旅游主体在旅游活动中的行为起到监督作用，具有倡导文明旅游的作用；智慧旅游时代，旅游消费者的旅游信息的获取、路线规划、门票预订等可在线上完成，在一定程度上减少了污染和浪费，在一定程度上倡导和传播了生态旅游文化；无论是传统旅游时代还是智慧旅游时代，旅游消费者在进行国内旅游活动、饱览祖国大好河山时均能够增强其爱国主义热情，激发他们的爱国主义精神，倡导爱国文化和爱国文明。

（四）智慧旅游的科技功能

智慧旅游以信息技术为基础，具有独特的科技功能。智慧旅游的科技功能主要表现在两个方面：一方面，智慧旅游的建设和发展能够推动信息科技和设备终端技术的发展。智慧旅游以云计算、大数据、互联网、移动通信技术等技术为依托，因此，智慧旅游的建设和发展必然能够推动信息科技核心技术在旅游业的广泛应用。旅游业作为一个综合性强的行业，涉及多个社会行业和领域。因此，智慧旅游的发展必然推动现代信息科技核心技术的应用，在社会上形成示范效应，引发其他行业效仿跟进。智慧旅游的建设和发展需要大量智慧终端设施接收智慧旅游的信息，因此，智慧旅游的发展在客观上推动了设备终端技术的发展，继而推动了整个旅游行业以及旅游相关服务行业的设备终端技术发展；另一方面，智慧旅游建设能够推动技术创新与研发。近年来，随着我国社会经济与旅游消费者需求的发展，对智慧旅游提出了更高的要求，从而加快了智慧旅游的技术创新。

（五）智慧旅游的环境功能

智慧旅游还具有环境功能，主要体现在提高生产效率、提升公众素质、加强环境保护等方面。智慧旅游以信息技术为核心，极大地减少了旅游活动中的人力、物力和财力，从而节省了大量资源，减少了资源消耗，提高了旅游行业的生产效率，节约了资源，推动了友好型社会环境的建设。旅游活动是一种公众性较强的活动，在智慧旅游时代，旅游消费者和旅游企业以及旅游相关服务单位的行业，受到的监督性更强，一旦旅游消费者或旅游企业在旅游活动中出现不文明行为，则极易被公布到网络上，因此，智慧旅游时代在客观上提升了旅游者和旅游行业工作人员的素质，增强了公众的环保意识。除此之外，旅游消费者在旅游过程中通过接触不同的文化与人群，受旅游目的地环境的影响，旅游消费者的素质也会发生相应的改变。例如，当旅游消费者到生态环境保护程度较高的景区进行游览时，旅游消费者的生态意识也会得到相应的提升。智慧旅游可以加强环境监测和环境治理，并且对旅游景区的旅游生态环境的状况进行跟踪，从而在客观上起到保护生态环境、减少环境破坏的效果。

二、智慧旅游的价值

智慧旅游的价值主要体现行业价值和社会价值两个方面。

（一）智慧旅游的行业价值

智慧旅游的发展对旅游消费者、旅游企业及相关服务企业、政府旅游部门等均具有较高价值。智慧旅游的行业价值相应地体现在三个方面。

1. 智慧旅游对旅游消费者的价值

旅游消费者在进行旅游活动时需要进行旅游信息收集、旅游行程安排、旅游交通工具选择和预订、旅游门票预订，以及食、宿等预订，在到达旅游地点后还要顺利进行旅游。智慧旅游的发展，将旅游信息传播至网络，使旅游消费者可以较为便利地从网络上获得旅游信息，使旅游消费者能够根据个人兴趣、喜好等自主确定浏览目的地和浏览路线，制订个性化的旅游规划，从而使旅游消费者自主选择团队游或自驾游，增强了旅游消费者旅游的自主性和个性化。旅游消费者借助网络系统完成在线预订后，在到达目的地后，可以省却排队时间，提升旅游者的旅游消费体验。

在旅游消费者开展旅游活动时，智慧旅游可以充分发挥导航、导游、导览和导购功能。旅游消费者在开展旅游活动时，还以借助物联网、云计算等技术实现自助导航、景区智能导游、导览，使旅游消费者能够较为便捷地获取旅游目的地的景区游览路线，随时随地获知自身所处的景区位置，根据旅游消费者的时间或兴趣，制订个性化的浏览计划，在遇到危险时方便及时求助。除此之外，旅游消费者在旅游过程中还可以提前在网络上查询旅游目的地附近的购物点以及相关评价，便于旅游消费者在进行旅游活动时产生的购物需求的解决，从而提升旅游消费者的旅游积极性和旅游体验。旅游消费者在旅游结束后，可以将旅游活动中的真实感受分享至旅游网络平台，一方面为其他旅游者的旅游活动提供借鉴；另一方面，有利于旅游企业、政府旅游管理部门对旅游景区出现的不良现象或不规范行为予以纠正，便于旅游企业、政府旅游管理部门对旅游行业进行整顿。

2. 智慧旅游对旅游企业的价值

智慧旅游的建设和发展主要是由旅游企业推动的，在旅游企业的发展中起着开发旅游新产品、新服务，展现旅游景区形象以及节约成本、优化企业管理方式，推动旅游企业转型升级的作用。

传统旅游时代，旅游产品大多停留在集体旅游项目上，旅游产品和服务较为单一，无法针对旅游消费者的特殊要求开发产品。智慧旅游的建设与发展使得旅游企业可以借助大数据对旅游消费者的行为和心理进行详细分析，从而对旅游消费人群进行细分，针对不同的旅游消费者开发具有个性化的旅游产品，从而使得旅游企业的产品和服务更加丰富，极大地促进了旅游新产品和新服务的创新，丰富了旅游产品和服务的形态。

传统旅游时代，旅游企业的形象往往通过大众媒体的宣传而树立；而智慧旅游时代，旅游企业可以借助云计算技术在网络平台上将旅游产品和服务展现出来，拓宽了旅游企业的形象展现渠道。此外，旅游企业的形象塑造不再单纯地依赖于宣传，还与旅游消费者的消费体验挂钩。旅游消费者在旅游过程中可以随时随地将旅游照片、视频或文字上传到网络平台进行分享；旅游活动结束后，旅游消费者还可在专门的旅游资讯平台或旅游网站分享旅游体验、旅游景区或服务的评价，这些分享与旅游企业自身宣传共同构成旅游企业形象。由此可见，智慧旅游的发展，拉近了旅游企业与旅游消费者之间的距离，为旅游企业的形象展示提供了良好的平台，同时有利于提升旅游企业的旅游产品和服务质量，以提升旅游企业的美誉度。

传统旅游时代，旅游企业为了做好信息宣传，需要花费大量的人力、物力、财力；智慧旅游的建设和发展，为旅游企业的运行和发展节约了大量成本。旅游企业借助网络进行智能化宣传与销售，较大地节省了传统媒体宣传费用，而网络宣传还可以将企业信息通过云储存技术长期保存并随时进行动态维护，节省了大量人力物力，在客观上节省了旅游企业成本。

传统旅游企业的管理模式和管理方法大多为粗放型管理。例如，在旅游消费者的信息管理方面，大多以纸质信息的形式记录。查看或核对旅游消费者的数据，进行旅游消费者人群细分时不仅耗时长，而且由于信息不全面，得出的结论往往与实际有所出入；而智慧旅游的建设和发展采用云计算技术，可以较为轻松地实现旅游消费者信息的储存、分析和管理，并做到实时对旅游消费者信息进行分析，极大地提升了旅游企业的经营和管理效率。除此之外，智慧旅游的建设与发展还能够推动旅游企业的线上、线下相结合的经营和管理模式，提升旅游产品和服务的创新与优化升级，实现旅游企业的转型升级。

3. 智慧旅游对政府旅游部门的价值

智慧旅游不仅对旅游消费者和旅游企业具有很大的价值，对政府旅游部门的管理也起着极其重要的影响。政府旅游管理部门大力发展智慧旅游，一方面，通过内部智慧办公体系建设，提高政府旅游部门的办公效率；另一方面，通过外部智慧旅游公共服务体系的构建，提升智慧旅游管理部门的政务处理效率，加强社会公共服务体系建设。具体来说，智慧旅游发展能够从以下几个方面推动政府旅游部门的管理。

智慧旅游通过借助大数据、物联网、云计算等技术加强对旅游行业的各种信息统计、分析和管理，对旅游趋势进行预测，并且对旅游消费者在旅游活动中表现出来的新特点进行分析。智慧旅游的建设与发展，还能够促进政府旅游管理部门了解旅游消费者需求，并且针对旅游消费者的需求对旅游行业进行引导，从而推动旅游市场新产品和新服务的开发。智慧旅游的建设和发展还有利于政府旅游部门对旅游市场进行监管。政府旅游部门可以通过对一段时期内旅游数据的分析，从而发现旅游活动中旅游消费者或旅游企业的不良行为，有针对性地加强监管，从而促进旅游企业的规范化运营和发展。智慧旅游的建设和发展还有利于政府旅游部门对旅游活动进行整体监管与引导。例如，当某地出现较大自然灾害或突发事件时，政府有关部门可以通过发布通知或对该地旅游企业进行行政干预的方式第一时间做出反应，解决危机，切实保障旅游消费者和旅游企业工作人员的生命财产安全。智慧旅游的建设和发展还可以提升旅游活动中投诉处理的效率，帮助政府旅游管理部门对旅游行业进行科学规范的管理，推动旅游行业的持续健康发展。

（二）智慧旅游的社会价值

智慧旅游的建设和发展不仅具有较强的行业价值，而且具有较大的社会价值。智慧旅游的建设和发展能够充分发挥政府有关部门的政策优势，从国家政策角度提升旅游行业的实体发展和社会服务水平。智慧旅游的建设和发展还能够发挥社会资源优势。旅游活动是一项涉及多个行业和领域的综合性活动，其发展有赖于资源的聚集，单一的旅游景区和旅行社资源有限，无法满足旅游消费者多样化的需求，而智慧旅游建设通过云计算技术将一个地区或全国范围内的旅游资源集中到一起，将旅游活动中的食、宿、游、娱、购资源进行整合，从而加强旅游活动中不同行业或领域资源的共享，完善旅游产业链，在促进旅游行业发展的同时，带动其他相关行业的发展。智慧旅游的建设和发展还有利于推动社会技术的发展。旅游行业是一个社会性和文化性较强的行业，而旅游文化的传播必然需要借助一定的技术。智慧旅游建设和发展中应用了云计算、大数据、物联网、移动互联网等技术，这些技术的应用推动了旅游行业的发展，带动了社会上其他服务行业中科技的发展。智慧旅游的建设和发展有利于推动旅游活动的传播。传统旅游行业中旅游信息的传播主要依靠传统大众传播方式，例如，电视、广播、报刊等传播方式。智慧旅游时代，旅游信息的整合和传播除了传统大众传播途径外，线上传播也是旅游信息传播的主要途径，其可以提升旅游信息的传播效率。智慧旅游的建设和发展，还能够起到减少人力、财力、物力以及节省资源的作用，从而达到保护生态环境的目的。

第三章　基于现代技术支撑下的智慧旅游

第一节　智慧旅游现代技术体系之云计算技术

智慧旅游的建设需要以云计算技术、物联网技术、大数据技术、移动互联网技术、人工智能技术等现代信息技术作为构建智慧旅游现代技术体系的技术支撑。本节主要对云计算技术概念、特点及其在智慧旅游建设中的应用进行详细分析及阐释。

一、云计算的定义与特点

云计算的概念由来已久，早在 1959 年，一些西方学者即提出了云计算的概念。云计算虽然早在 20 世纪 50 年代就引起了西方学者的关注，然而直到 2006 年，Amazon 推出弹性计算云（Elastic ComputeCloud，EC2）服务，同年，Google 首席执行官埃里克·施密特（Eric Schmidt）在搜索引擎大会首次提出"云计算"（Cloud Computing）的概念，云计算概念才引发中西方学者的广泛关注。由此可见，云计算是随着科技进步和 IT 产业的发展逐渐引发社会关注的。

（一）云计算的定义

云计算这一概念自 2006 年提出后，作为一个新生事物，云计算的概念至今还没有统一的定义，然而相关领域的研究学者、专家、组织等纷纷从不同角度对云计算进行定义。

国际标准化组织 / 国际电工委员会的第一联合技术委员会（ISO / IECJTCI）从提供者的角度和使用者的角度来定义，指出：云计算是一种通过网络将弹性可扩展的共享物理和虚拟资源池作为服务，以按需使用、按量计费的方式提供和管理的模式。①加州大学伯克利分校的学者将云计算定义为：云计算包含互联网上的应用服务及在数据中心提供这些服务的软、硬件设施。互联网上的应用服务一直被称作软件即服务（Software as a Service，SaaS），所以我们使用这个术语。而数据中心的软、硬件设施就是我们所谓的"云"。②美国国家标准技术研究院（NIST）则指出：云计算是一种 IT 资源应用模式，可以通过网络方便地接入可配置的共享资源池。该资源池提供网络、服务器、存储、应用、服务等多种硬件和软件资源，具有自我管理能力，用户可方便、快捷地按需获取，实现资源的快速部署，其有按需自助服务、广泛的网络接入、共享资源池、快速可弹性、按量计费等特点。具有三种典型的云计算服务模式：基础设施即服务、平台即服务、软件即服务；还有四种云部署模式：公有云（Public Cloud）、私有云（Private Cloud ）、社区云（Community Cloud）和混合云（Hybrid Cloud）。③

从以上云计算的定义可以看出，云计算具有包罗万象的特质，从不同角度进行定义，体现出云计算的不同侧重。其中，NIST 对云计算的定义较为全面，具有较大的权威性。

从技术原理上来看，云计算是一种大规模扩展、水平分布的系统资源，抽象地为虚拟 IT 服务，并对资源配置和使用进行持续性管理的架构④；从本质上来看，云计算既不是一种产品，也不是一种单纯的技术，而是一种产生和获取计算能力的新方式的总称；从云计算的架构上来看，云计算包括三个层次的服务，分别为基础设施即服务（Infrastructure as a Service，IaaS）、软件即服务（Software as a Service，SaaS）、平台即服务（Platform as a Service，PaaS）。云计算平台的构建主要包括虚拟化技术、数据存储技术、数据管理技术、海量数据处理技术与编程模型、资源快速部署和资源调度技术、多模式客户端技术等关键技术。

---

① 鲍润华. 智慧旅游理论与实践研究 [M]. 成都：电子科技大学出版社，2017：83.

② 李晓林，方振龙. 城市轨道交通网络通信基础 [M]. 北京：北京理工大学出版社，2018：154.

③ 鲍润华. 智慧旅游理论与实践研究 [M]. 成都：电子科技大学出版社，2017：85.

④ 姚国章. 智慧旅游新探索 [M]. 长春：东北师范大学出版社，2016：78.

（二）云计算的特点

根据 NIST 的定义，云计算的主要特点可以概括为：资源池化、集中共用；灵活定制，按需自助服务；快速弹性、动态可扩展性；网络访问无处不在；按量计费。

1. 资源池化、集中共用

云计算最大的特点即是通过数据中心的软、硬件设施将资源池化，形成集中资源，这些资源被集中管理，并可以被无数用户共享。云计算平台借助自身的软件对硬件资源进行虚拟化管理、调配和应用。从这一角度来看，云计算具有资源池化、集中共用的鲜明特点。

2. 灵活定制，按需自助服务

云计算平台的资源关不是平均分配的，而是根据用户的实际需求和偏好进行资源的灵活定制、应用和服务，借助网络进行申请和发布。云计算平台则根据用户的定制和申请对相应资源、应用和服务进行分配。用户可以对云平台上提供的定制服务进行删除或退订管理。从资源定制、申请到服务，用户均以自助的方式进行，体现了云计算的灵活定制和按需自助服务的特点。

3. 快速弹性、动态可扩展性

云计算平台可以快速而有弹性地实现资源分配，根据不同用户对资源定制的时间、资源计算量对资源进行分配，同时针对硬件的限制对资源规模进行动态弹性伸缩。用户所能够租用的资源具有无限性，并且可以在任何时间定制、申请和购买资源。

4. 网络访问无处不在

云计算技术对用户终端设备要求较低，支持互相兼容的各种标准设备接口。用户在进行网络访问时，无须部署复杂的软硬件基础设施，对地域、时间、位置等不进行限制，可以在任何地域、任意位置，使用任意终端，直接进行网络访问，获取云计算平台上的资源、应用和服务。

5. 按量计费

云计算平台上的资源量可以被进行精准计算，在用户实际使用中，可以根据用户所使用的资源种类、服务类型、合适度量指标等为用户提供相应的云计算计量方式，并根据用户实际使用资源的数量进行计费，即按量计费。

二、云计算技术在智慧旅游中的意义

云计算作为一种新兴的信息通信技术，被认为是继微型计算机、互联网之后的第三次 IT 革命，在社会信息化发展和经济社会变革中起着十分重要的推动作用，将会给人们的生产、生活方式带来根本性的改变。近年来，云计算技术被广泛应用于旅游行业，作为智慧旅游的关键技术，在推动智慧旅游的发展中发挥着极其重要的作用。智慧旅游涉及多个领域和行业，还涉及行业内部的各个层面，是一个无比庞大的系统工程，不仅需要进行大量信息化基础设施和环境建设，还需要进行海量信息数据的存储和处理。而云计算技术以其强大的计算、存储、分析以及资源池化特点可以对智慧旅游中涉及的海量信息进行分析、储存、分配。因此，在智慧旅游中应用云计算技术，可以节省大量人力、物力、财力成本，提高智慧旅游的运行效率，推动智慧旅游持续不断发展。

（一）云计算技术在智慧旅游中的优势

云计算技术在智慧旅游中的优势主要表现在为智慧旅游提供数据保障、整合旅游数据资源和服务、降低成本、平衡资源等方面。

1. 为智慧旅游提供数据保障

智慧旅游平台建设需要对食、住、行、游、购、娱等各个方面的海量数据和信息进行收集、整合、归类，如果单纯依靠旅游服务人员，难以进行海量数据整理。而云计算技术则可以对庞大的旅游信息进行快速、高效的处理，并构建旅游资源池，对旅游资源进行按需分配。从这一角度来看，云计算技术能够为智慧旅游提供高效数据保障。

2. 整合旅游数据资源和服务

云计算技术不仅可以对海量旅游资源进行收集和整合，还能够对贯穿旅游活动全过程的旅游服务进行有机整合。云计算技术可以进行旅游资源和服务整合，构建旅游资源池，并且根据旅游消费者所处的位置、自身喜好、旅游目的地等个性化信息为旅游消费者提供个性化的资源和服务分配，从而满足旅游消费者的旅游资源和服务需要。

3. 降低成本

云计算技术通过构建集中的资源池以及按需分配，可以实现旅游资源的集约化管理。近年来，随着我国社会主义市场经济改革和经济供给侧结构性改革的深化，以及我国"大众创业、万众创新"热潮的兴起，旅游企业的数量持续增多，旅游市场的规模不断扩大，为了适应智慧旅游建设的发展，一些有实力的旅游企业或旅游相关行业企业均建立了单独的网络平台，发布和传播旅游信息，推动我国旅游行业的信息化和智慧化发展。然而，一些旅游行业或相关行业中的小微企业受人力、财力、物力的限制，在信息化建设方面处于落后地位。云计算技术则可以借助云计算平台上的资源池实现小微企业信息共享和传播，为小微企业提供高水准和集约化服务，在一定程度上降低了旅游行业和相关行业小微企业成本，减少了企业在信息化管理和服务方面的资源损耗。

4. 平衡资源

旅游行业不同于其他行业，具有鲜明的淡旺季节区分。旅游行业的淡旺季一方面受节假日的影响，节假日时多迎来较大客流量，而非节假日期间的客流量则显著减少；另一方面，受旅游景区特色的影响。如果一个旅游景区的主要景点或特色景点在春季时更美观，则该旅游景区的客流高峰大多出现在春季，其他时间客流量较少。旅游行业的这一特点使得旅游产品和服务提供商难以依靠自身的力量对旅游资源进行平衡分配，常会出现旅游旺季景区人满为患，极大降低旅游消费者的体验，而旅游淡季景区少有客流的状况。而云计算则可以通过在线建立旅游资源池以及对旅游资源进行按需分配和动态调度，在一定程度上实现平衡资源的目的，推动旅游企业可持续发展。

（二）云计算技术在智慧旅游建设中的意义

云计算技术在智慧旅游建设中的意义主要表现在推动以旅游业为代表的现代服务业发展、促进旅游产业结构调整、降低旅游信息化成本等方面。

1. 云计算技术能够推动以智慧旅游为代表的现代服务业发展

服务业作为社会第三大产业在推动经济发展方面起着举足轻重的作用。近年来，随着我国供给侧结构性改革的深化，我国传统服务行业正向现代服务业发展和迈进。发现现代服务业在培养社会经济新的增长点、促进社会产业调整、壮大第三产业、拉动就业、推动民生发展等方面均起着积极的促进作用。智慧旅游作为现代服务业的重要组成部分，在促进我国现代服务业发展方面具有较大的推动作用。云计算技术是智慧旅游的主要支撑技术，在促进智慧旅游发展方面起着积极作用。从这一角度来看，云计算技术能够推动智慧旅游为代表的现代服务业发展。

2. 云计算技术能够促进旅游产业结构调整

智慧旅游经历了三个阶段的发展，早在 20 世纪 80 年代，我国旅游业即已开始引进信息技术进行信息化建设，在此期间，我国在旅游信息化建设中积累了大量数据，然而由于缺乏有效的技术支撑，难以将这些数据进行有效共享，因此，这一时期我国旅游资源的利用效率较低。云计算技术则能够对数据资源进行有效整合和共享，并对旅游消费者的信息资源进行分析，有利于旅游企业管理者发现新的旅游产品和旅游服务需求，从而对旅游产业结构进行调整，推动旅游产业结构的升级和优化。

3. 云计算技术能够降低旅游信息化成本

现代服务业的发展要求企业进行信息化投入，智慧旅游建设也是如此。旅游行业不同于其他行业，大多以旅游景点为中心，较难进行规模化开发，因此旅游企业多为中小企业。而传统企业的信息化建设需要进行 IT 建模，涉及大量资金投入，而大量资金投入使企业面临着较大风险，这一风险往往只有资金充足的大型公司才能够承受。因此，传统的 IT 建模技术成为中小企业信息建设的较大阻力。云计算技术则不同，云计算技术不需企业在前期投入大量资金购买基础设施，而是可以通过租用的方法，租用相应的硬件和软件资源。这种信息化建设方式更加适用于中小旅游企业的发展。中小旅游企业可以根据需求与规模，以及业务的变化灵活地租用相应软硬件资源，从而极大地减少了中小旅游企业的前期投入，有效节约了资源，降低了旅游信息化的成本，从而极大地推动了旅游信息化的发展。

三、云计算技术在智慧旅游管理中的应用

旅游管理不仅涉及旅游企业内部管理，还涉及旅游产业链的管理。智慧旅游管理是指以信息通信技术为基础，旅游业目的地行政管理部门通过智慧化技术的全方位应用，提高政府对旅游目的地管理、旅游行业监督管理、旅游安全保障管理等的服务能力，是智慧旅游管理平台构建的基本目标。[①]由此可见，智慧旅游管理涉及旅游产业链的各个环节，主要包括旅游消费者的智慧管理、景区智慧管理、酒店智慧管理、旅游交通智慧管理等多个方面。云计算技术在

---

① 鲍润华．智慧旅游理论与实践研究 [M]．成都：电子科技大学出版社，2017：189.

智慧旅游管理中的全面应用能够有效提升智慧旅游管理的智慧化水平，全面提升旅游消费者的旅游体验，推动旅游管理部门、旅游企业及相关企业的发展。云计算技术在智慧旅游管理中的应用主要体现在建立智慧旅游综合数据管理中心、建立智慧旅游服务管理云平台等方面。

（一）建立智慧旅游综合数据管理中心

智慧旅游综合数据管理中心是使用云计算技术构建的智慧旅游的主要数据平台。旅游业是一个对信息依赖性较强的行业，且旅游业的信息常常以各个旅游景区为中心，呈现出较强的分散特点。智慧旅游借助云计算技术按照一定的规范标准，通过将分散在全国各地的旅游信息整合在一起，建立海量旅游数据库，高效存储旅游信息。此外，将这些旅游信息与旅游相关的各行业信息进行整合，建立综合数据管理中心，实现旅游信息的互通互联以及虚拟化管理，便于旅游消费者、管理者以及旅游企业对旅游信息的查询、使用、监管和调控。智慧旅游综合数据管理中心不仅为旅游消费者获取旅游信息提供了直接技术支持，而且为旅游企业经营管理者决策的科学性、创新性以及高效性提供了依据。同时，还为旅游管理部门对旅游行业经营管理进行监督提供了数据支持。现阶段，我国已在各地建立了数百个智慧旅游城市，这些智慧旅游城市几乎均以云计算技术为核心建立了智慧旅游综合数据管理中心，实现了多个城市旅游产业信息资源的高度有效整合。

（二）建立智慧旅游服务管理云平台

智慧旅游管理是传统旅游管理向现代化旅游管理的必经阶段，现代化旅游管理以信息技术为特色，从传统旅游管理的被动的、事后处理管理向主动的、积极的过程管理和实时管理方向转变。智慧旅行管理中的旅游景区，以及旅游酒店、旅游交通、旅行社等旅游服务提供商的旅游信息借助云计算技术构建相应的旅游景区智慧管理系统、智能酒店管理系统等。这些智慧旅游服务管理云平台可以提升各企业内部管理效率，也便于旅游信息的进一步互通互联。除了旅游企业和旅游服务提供商之外，政府旅游管理部门可以借助云计算技术构建综合政务管理云平台，将旅游企业、旅游服务提供商、交通等政务信息结合起来，对旅游信息进行整合、监督和管理，实现智慧旅游城市的统一旅游信息建设、旅游安全监督、应急指挥调度等，促进智慧旅游城市的统一、高效、安全管理。

第二节　智慧旅游现代技术体系之物联网技术

物联网技术是智慧旅游的核心技术之一，本节主要对物联网技术的定义及特点、物联网技术在智慧旅游中的应用进行详细阐释。

一、物联网技术的定义和特点

物联网（Internet of Things，IOT）一词最早于 1999 年由美国麻省理工学院的研究人员提出，这一概念提出后，立即得到了各国政府和学者的认可。2005 年，国际电信联盟（ITU）在信息社会世界峰会（World Summit on the Information Society，简称 WSIS）上发布了《ITU 互联网报告 2005：物联网》的报告。在这一报告中，较为全面地论述了物联网的概念与未来应用，指出物联网时代已悄然来临，这一技术是现代信息领域的一次重大发展与变革，在未来社会中的应用将十分广泛。《ITU 互联网报告 2005：物联网》这一报告的出台进一步推动了物联网在全球范围内的快速发展。2009 年以来，美国、欧盟等纷纷出台物联网发展计划，针对物联网技术的发展进行技术产业布局。

（一）物联网的定义及其在中国的发展

物联网，顾名思义即是物物相连的互联网。所谓物联网，是指通过射频识别（RFID）、红外感应器、全球定位系统、激光扫描器等信息传感设备，按约定的协议，把任何物品与互联网连接起来，进行信息交换和通信，以实现智能化识别、定位、跟踪、监控和管理的一种网络。其目的是让所有的物品都与网络连接在一起，方便识别和管理。其核心是将互联网扩展应用于我们生活中的各个领域。[①] 从这一定义来看，物联网的核心技术仍然为互联网，是以互联网为依托，并在互联网基础上延伸和扩展的网络。与传统的互联网相比，物联网的用户终端不再局限于电脑和手机，而是扩展至任何事物与事物之间，进行信息交换和通信，实现人与物、物与物以及人与人之间的互联互通。

中国物联网技术发展与世界物联网技术的发展基本保持同步。早在 20 世纪 90 年代，中国开始对无线传感领域进行研究，成为我国较早进行的物联网

---

① 常玲，赵滨，高秀艳．物联网系统设计开发方法与应用 [M]．长春：吉林大学出版社，2019：3．

技术研究。1999年，中国科学院对物联网的标准、技术开发等工作进行研究，并且在无线智能传感器网络通信技术、微型传感器、传感器端机、移动基站等方面取得了重大进展。2006年，我国发布《国家中长期科学与技术发展规划纲要（2006~2020年）》，其中物联网的核心技术传感网列入重点研究领域。2010年"两会"期间，我国工信部和商务部等相关部门明确了加强协调与互动、共同推动物联网发展的决心，与此同时，我国地方政府开始加大资金投入，借助物联网技术打造智慧城市。2019年，第八届全球物联网峰会在上海举行，对促进物联网技术的发展和物联网产教融合等进行了深入探讨。尽管自1999年物联网概念提出以来，物联网技术已发展了二十余年，其间取得了较多发展成果，然而，纵观全球，物联网技术的发展仍然处于起步阶段。

（二）物联网的特点

物联网的特点主要包括以下三个方面。

1. 物联网的全面感知特点

物联网采用了射频识别（RFID）、传感器、二维码等多种传感器技术，这些传感器技术能够通过各种方式识别物体信息，并对物体的动态信息进行采集，从而及时识别物体的信息，使接入对象更加广泛，获得的信息更加丰富。物联网上部署了多种类型的传感器，每个传感器均为不同类型的信息源，这些信息源所包含的信息格式、频率等均不相同。传感器在捕获信息时通常按照一定的频率进行周期性的信息采集，不同类型的传感器所捕获的信息的内容和格式均不相同。此外，传感器捕获的信息并不是静态的，而是动态的、实时的，具有较强的全面性。从传感器捕获信息的内容上来看，传感器所捕获的信息不仅包括人类社会的信息，例如，人类的活动轨迹，还包括传感器所在环境的物理信息，例如，物体高度、宽度、重量，环境的空气湿度、温度等。由此可见，物联网具有全面感知的特点。

2. 物联网的可靠传递特点

物联网是一种以互联网技术为依托的新技术，其技术核心仍然为互联网，物联网通过各种传感器收集和捕获信息，并且将收集和捕获到的各种信息借助有线或无线网络及时传递出去。为了保障各种信息数据在传递过程中的完整性、准确性、及时性，避免遗漏或错误，物联网须适应互联网信息传递过程中的各种网络协议和异构网络。为了充分发挥物联网的可靠传递特点，物联网需要构建完善的基础设施，并且实现网络全覆盖，以确保信息能够随时随地传入和传出，以实现信息共享、信息互动和信息的远程操作。物联网信息的可靠传递还必须建立完善的信息监管机制和技术保障，以加强信息的安全机制和权限管理。

3. 物联网的智能处理特点

物联网的智能处理特点，是指物联网通过借助互联网信息技术中的云计算、模糊识别等智能计算技术对不同传感器所传递的信息和数据进行的分析和处理，从而实现物体的智能化控制，达到人与人之间、物与物之间、人与物之间的沟通与交流。物联网的智能处理特点使得未来的物联网肩负着提高人类工作效率、简化工作流程的重要使命，这就要求未来的物联网技术以云计算技术为依托，搭建科学合理的数据模型，更加精确地收集信息，并对信息进行实时分析，在分析数据信息的基础上向物联网系统中的物体发布命令，提高物体的智能处理效率和准确性，使人类与世界和谐相处。

物联网以实现人与人、人与物、物与物之间的互联互通，信息传递和信息共享为目标，在具体应用中必须做到全面感知、可靠传输、智能处理、自动控制，涉及多种技术，因此，物联网技术是一个由多种技术构成的复杂技术体系。从物联网的功能上来看，物联网的技术构成主要为感知与识别的技术、通信与网络技术、信息处理与服务技术。

二、物联网技术在智慧旅游管理中的应用

物联网技术作为新一代信息通信技术的主要表现形式，是推动智慧旅游发展的核心技术之一。当前，物联网技术在智慧旅游建设中的应用十分广泛，可应用于旅游景区、旅游酒店等旅游企业或旅游服务提供商管理，以达到不断提升旅游服务质量、推动旅游产业可持续发展的目的。

（一）物联网技术在旅游企业管理中的应用

物联网技术在旅游企业管理中起着极其重要的作用。旅游企业以物联网技术为依托，结合云计算技术可以构建智慧旅游管理平台。智慧旅游管理平台由全面感知体系、云平台构建体系以及应用服务体系三部分组成，通过借助在旅游景区设置的各种各样的传感设备，以及无线网络设备，从而建立起完善的智慧旅游全面感知体系；借助云平台技术和移动互联网技术实现各类信息的感知

和控制，从而为旅游消费者提供多种旅游服务，实现旅游企业旅游目的地智慧营销、智慧导游、智慧导购、智慧支付、智慧景区管理、智慧行业管理等。

1. 物联网技术在旅游企业门票管理中的应用

门票是旅游活动中必不可少的凭证和信息载体，对于旅游企业来说，门票管理是旅游企业，尤其是旅游景区最重要的管理环节。在传统旅游活动中，以纸质门票为主，使用纸质门票时易出现门票作假、多人一票、检票效率低等问题。在智慧旅游管理中，为了解决纸质门票中出现的种种问题，利用物联网技术在景区建立电子门票。电子门票采用射频识别技术，以射频识别技术的电子门票作为数据载体，能够起到有效、精准地识别电子门票，并对电子门票持有者，即旅游消费者在景区的行踪进行跟踪。旅游消费者在景区内部进行观光和游览时，其行踪可以被在景区内部分散的信息识别设备所识别，从而对旅游消费者的观光、游览信息进行收集。此外，电子门票的出票、验票、计票系统均具有自动化的特点，可以有效减少旅游消费者的购票时间，避免纸质门票管理中出现的种种问题，还可以自动识别旅游消费者的身份、年龄等信息，为旅游景区下一步对旅游消费人群的细分管理奠定基础。除此之外，电子门票系统还可以自动统计门票的售出数量，帮助旅游景区管理者掌握旅游景区的运行情况，并对旅游景区的客流量进行监控和管理，同时为旅游消费者提供个性化服务。

2. 物联网技术在旅游企业导览中的应用

旅游消费者到达景区旅游时，往往会由于对旅游景区内部分布或旅游景区所在地的文化、景区观赏对象或地形、特色景点等不了解，而导致旅游消费者在游览时常常遗漏重要景点，或走马观花，不能在游览活动中尽兴，无法体会到旅游景点的深层文化内涵。传统旅游活动中往往通过设置导游，以及使用景区纸质地图等方式辅助旅游消费者进行游览活动，然而，仍然会在一定程度上影响旅游消费者的旅游体验。

将物联网技术应用到旅游景区的导览管理中，通过在旅游景区内部设置多种传感器设备和智能导览设备，以及建设旅游景区中央数据库，当旅游消费者进入景区后，即可通过智能导览设备指引游客对感兴趣的旅游景点进行游览。而当旅游消费者到达某个旅游景点后，智能导览系统还可通过语音、视频、文字等多媒体信息形式向旅游消费者介绍旅游景点，使旅游消费者能够立体地感知旅游景点的独特文化。此外，旅游导览设备还可以根据旅游消费者的预计游览时间、兴趣和爱好为旅游消费者提供差异化旅游路线规划，提升旅游导览的服务质量，使旅游消费者能够较为便捷地获得较良好的旅游体验。

3. 物联网技术在旅游企业安防管理中的应用

在智慧旅游管理中，安全防范是其中的重要环节，也是关键环节。物联网技术在旅游企业的安防管理中起着十分重要的作用。不同旅游景区的旅游安防管理的侧重点不同。例如，规模大、地形复杂的旅游景区，由于占地面积大、地形复杂，危险地带较多，因此，易出现旅游消费者走散、迷路、失踪等意外情况。而旅游景区的工作人员往往十分有限，无法对旅游消费者的行踪进行实时跟踪和保护。而物联网技术中的 GPS 定位技术、射频识别技术和传感器技术的应用则可以有效加强景区安防。例如，一些景区在电子门票中嵌入了 GPS 技术定位，当旅游消费者在景区与人失散、迷路或发生危险需要救助时，景区救护人员可以借助 GPS 定位技术、射频识别技术等对旅游消费者进行及时救助。除此之外，一些美术馆、博物馆等常常设置在人员相对密集的市区，为了加强安防工作，常在景区入口处利用射频技术进行安全检查，以避免旅游消费者将危险系数较高的物品带入其中。

4. 物联网技术在旅游企业人员管理中的应用

智慧旅游管理中的内部管理涉及人员管理，为了更好地对旅游企业内部的工作人员进行管理，旅游企业可以为每一位员工发放嵌入射频识别技术的工作证，以便旅游企业管理者在日常工作时间对旅游工作人员的所处位置进行监督，确保工作人员位于工作区域内，为旅游消费者提供相应服务。此外，物联网技术中的射频技术还可以应用于旅游消费者对工作人员的评价方面，从而有利于将旅游消费者的实际评价纳入旅游管理中的员工评价体系和薪酬体系，进行科学化和规范化管理。而当旅游消费者求助时，旅游管理人员还可安排附近的工作人员对其进行救助。

（二）物联网技术在旅游酒店管理中的应用

在智慧旅游管理中，物联网技术除了应用于旅游企业之外，还可应用于酒店管理或餐饮管理中。旅游酒店和旅游餐饮企业是旅游服务体系的重要构成部分。在酒店管理中，以网络通信技术为基础，结合物联网技术中的传感技术，能够起到提高酒店智慧管理效率、为旅游消费者提供人性化服务的目的。智慧旅游管理中物联网技术的应用通常体现在用户智能住宿和酒店智能管理两个方面。例如，IBM 公司采用物联网技术所构建的智慧酒店管理系统，包括楼层导航、互动服务电视系统、智慧电话、互动虚拟酒店展示、会议管理等，能够满足智慧酒店管理的智能化、人性化和信息化需求。其中，旅游消费者在酒店办理自助入住时，即使用了物联网技术，通过包含房卡和旅游消费者身份信息的双频 VIP 卡，使旅游消费者不必排队进行人工登记，旅游消费者自主即可在自助服务终端进行登记入住，减少旅游消费者办理入住的时间。此外，在旅游消费者退房时，也可通过自助终端设备办理退房事宜，从而提升旅游消费者的消费体验。

物联网技术除了在旅游企业管理和旅游酒店管理中起着十分重要的作用外，而且在旅游餐饮企业中起着重要作用，在此不再赘述。

第三节　智慧旅游现代技术体系之大数据技术

大数据技术是智慧旅游发展中的核心技术之一，本节主要对大数据的定义、发展、特点，智慧旅游发展中大数据的特征、大数据在智慧旅游建设中的意义、大数据在智慧旅游管理中的应用进行详细阐释。

一、大数据的定义与特点

（一）大数据的定义

数据是指记录客观事物的、可鉴别的符号。数据常常通过文字、视频、图片、视频等形式表现出来，数据本身是客观的，不具备具体的意义，然而对这些数据进行分析时，数据即可转化为某种信息，从而具有了确定的意义。信息是指包含着新知识、新内容的消息，信息是经过加工后对客观世界产生影响的数据。从这一定义来看，信息和数据之间存在相互联系、相互依存的关系。数据是信息的物理表现形态，信息则是数据抽象出来的逻辑意义，是对数据的解释、分析与运用。数据和信息之间不能完全等同，数据多不一定信息多；同样，信息多也不代表数据多。信息中的事实性、时效性、等级性、不相关性等特点需要通过数据表现出来。

大数据，又称为海量数据，多指所含的数据规模巨大之意。大数据是在互联网技术发展的基础上产生的，早在 20 世纪 80 年代，大数据这一概念已经出现。1997 年，西方学者迈克尔·考克斯和大卫·埃尔斯沃思在文章《为外存模型可视化而应用控制程序请求页面调度》一文中使用了"大数据"这一概念。2001 年，美国咨询公司 Gartner 开发了大数据模型，同年，道格·莱尼发表了《3D 数据管理：控制数据容量、处理速度及数据种类》的研究报告。2012 年，联合国发布《大数据促发展：挑战与机遇》白皮书，标志着全球大数据研究迈进了新的高潮，进一步推动了大数据的发展与应用。2009 年，大数据这一概念成为互联网技术行业的热门词汇，受到各国政府、学者的关注。近年来，大数据已作为互联网信息技术的核心技术被应用到社会各个行业和领域。

尽管大数据自提出至今已经过数十年的发展，然而关于大数据一词的定义却并没有定论。本书认为大数据是以容量大、类型多、存取速度快、应用价值高为主要特征的数据集合，其正快速发展为对数量巨大、来源分散、格式多样的数据进行采集、存储和关联分析，为从中发现新知识、创造新价值、提升新能力的新一代信息技术和服务业态。①

（二）大数据的特点

大数据与普通数据相比，数据容量和响应速度方面存在显著区别。大数据具有大量、多样、高速、价值、真实的 5V 特点。

1. 大数据的特点之一为大量（Volume）

大数据以互联网信息技术为基础，大数据之所以称之为"大"数据，缘于其所处理的数据数量十分庞大，复杂程度较高。科学家以 B、KB、MB、GB、TB、PB、EB、ZB 对互联网上的数据进行衡量。对于简单查询来说，当数据量为 TB 至 PB 时可以称为大数据；而对于复杂查询来说，当数据量为 GB 至 TB 时可以称为大数据。其中，1B 为一个字符或一粒沙子，1KB 相当于一个句子，1MB 相当于一本小书，1GB 相当于书架上长达 9 米的书，1TB 相当于美国国会书馆十分之一的存储量，1PB 相当于 35 万张数字照片，1ZB 则相当于全世界所有沙滩的沙子总和。从大数据的计量方法来看，大数据所处理的数据量巨大。

---

① 黎巎．旅游大数据研究 [M]．北京：中国经济出版社，2018：10．

2. 大数据的特点之二为多样（Variety）

大数据从其样式可划分为文字、图片、视频、动画等种类，从大数据的类型来看，包括档案数据、媒体数据、传感器数据等类型。除此之外，大数据还可划分为结构化数据、半结构化数据、非结构化数据等类型。大数据的类型之所以呈现出多样化的特点，与大数据背后的互联网和物联网技术之间存在紧密联系。互联网技术和物联网技术的发展将各种设备通过网络连接成为一个整体，人类不仅是互联网上各种数据的制造者，也是各种数据的传播者和获取者。除了互联网之外，物联网中连接的各种设备、传感器、仪器等也在持续不断地创造、传播各种数据。这些数据的功能不同，类型不同，导致数据呈现多样化特点。此外，不同行业的旅游也具有较强的多样化特点。例如，旅游活动涉及自然、社会、生活等多个方面，因此，旅游活动的数据具有多样化的特点，具体包括旅游活动的食、住、行、娱、购、游等各个方面的数据。

3. 大数据的特点之三为高速（Velocity）

大数据依托互联网信息技术进行运算和传播，其数据处理具有快速性的特点。大数据的处理速度往往具有实时性的特点，一般需要在秒级时间范围内分析出结果，否则即失去价值。由此可见，大数据具有高速的特点。例如，旅游活动中，旅游消费者要求物联网技术对其所在地理位置进行分析，一旦出现较强时间的延迟，则会降低旅游消费者的旅游体验。

4. 大数据的特点之四为价值（Value）

大数据的价值特点，主要指大数据的价值密度相对较低。大数据以互联网技术和物联网技术为依据，数量庞大，对具体的个体或组织来说，海量数据中的大部分并不具有价值，只有结合具体的业务进行分析，大数据才具有价值。

5. 大数据的特点之五为真实（Veracity）

大数据的真实性是针对大数据的保真性而言。大数据中包含大量的噪音，这种噪音通常没有价值。信噪比越高的数据，真实性越高，从可控的行为中获取的数据，常常比通过不可控行为发布获取的数据拥有更少的噪声。[1]

---

① 黎嫚. 旅游大数据研究 [M]. 北京：中国经济出版社，2018：12.

二、智慧旅游发展中大数据的特征

智慧旅游中的大数据的特征，既具有一般大数据的 5V 特点，又具有旅游大数据的特征。本书主要对旅游大数据的独特特征进行详细分析。

（一）智慧旅游大数据的时空性特征

旅游活动往往以旅游景区为中心，离不开特定的空间区域，因此，从这一特点来看，旅游大数据具有较强的空间性特征。旅游活动并不是一个静态的过程，而是一个动态的过程，旅游过程充满了各种变化，这使得智慧旅游大数据具有较强的历时性特征。由此可见，智慧旅游大数据具有较强的时空性特征。智慧旅游大数据的时空性特征使得其大数据既可以对具体的个体的某一次旅游活动或旅游事件进行研究，也可以对特定时间和区域的旅游信息进行分析，有助于旅游消费者个体或旅游企业、政府相关旅游部门等对一定时间和区域内的旅游活动进行详细分析。

（二）智慧旅游大数据具有多尺度和多粒度性的特征

智慧旅游大数据除具有时空性特征之外，还具有地理尺度和粒度属性。地理尺度，是指旅游活动通常是旅游消费者从经常性居住地到其他地方的旅游活动，属于跨地理空间活动。旅游活动的地理空间跨越既可以指跨越景区景点的旅游道路、旅游街区，也可以指跨越数百甚至数千平方公里的区域性。而智慧旅游大数据的多粒度性是指智慧旅游数据的采集可以精确到米，也可以到确定的景区、区县、地区、省市等为单位。

（三）智慧旅游大数据具有节律性的特征

智慧旅游大数据的节律性是指旅游活动通常具有较强的节律性特征。旅游活动的淡旺季特点十分鲜明，一般来说，节假日旅游活动较多，相应地，节假日产生的旅游大数据较多。例如，"五一""十一"等节假日期间，由于放假时间较长，通常会激发大量旅游消费者的旅游需求，从而推动旅游活动的开展，导致这段时间内旅游大数据相对较多；非节假日旅游活动较少，相应地，产生的旅游数据也相对较少。因此，智慧旅游大数据呈现出较强的节律性的特征。

三、大数据在智慧旅游建设中的意义

大数据在智慧旅游建设和发展中具有较为广阔的应用范围，具体来说，在进行旅游市场定位、开展旅游营销活动、带动旅游学术研究等方面具有较高的价值和意义。

（一）大数据能够帮助旅游企业进行旅游市场定位

大数据能够借助云计算和物联网技术所构建的旅游数据库，收集旅游消费者的食、住、游、行、娱、购等各方面的数据，有利于旅游企业对旅游消费者的旅游行业和心理进行详细分析，了解旅游消费者行为背后的心理需求，并根据旅游消费者的兴趣、爱好等进行旅游市场定位，从而开发和创新旅游产品和服务，以适应旅游消费者的需要，提升旅游消费者的旅游体验满意度。

（二）大数据能够推动旅游营销活动的开展

旅游大数据能够帮助旅游企业定位旅游消费者人群，确定旅游消费者的年龄、家庭、工作、收入等特征，确定旅游消费者人群画像。根据旅游消费者人群画像，旅游企业不仅可以开发和创新出适合特定消费人群的旅游产品和服务，而且还可以针对特定旅游群体的喜好开展营销活动，从旅游消费人群感兴趣的话题或喜好风格出发，对旅游企业的官方网站、营销平台的风格、宣传语、宣传画面等进行设计，以提升旅游企业营销活动的精准定位，有效增强特定旅游群体的网站或平台黏性，提升网站或平台的访问量，在带动原有客户的同时，挖掘潜在客户。

（三）大数据能够带动旅游学术研究

旅游活动是一项涉及多个行业或领域的综合性活动，旅游大数据不仅涉及旅游行业和旅游相关行业，而且还具有多样化的社会价值。随着近年来社交媒体平台的飞速发展，旅游信息的分享方式越来越多样化，而公众在各个社交媒体平台上分享的信息形成了交互性的大数据，里面蕴藏着丰富的旅游需求和旅游行业未来发展建议和意见。旅游大数据分析和研究不仅可以了解和掌握旅游行业和旅游产业的运行情况，而且能够对旅游市场和旅游行业未来的发展趋势进行预测，因此，具有较强的旅游学术研究价值。

除以上几个方面之外，旅游大数据在智慧旅游管理中也起着至关重要的作用，这一点将在下面进行详细分析，在此不再赘述。

四、大数据在智慧旅游管理中的应用

智慧旅游的本质即是以大数据、云计算、物联网技术等为代表的新一代信息技术在旅游行业中的应用。大数据在智慧旅游管理中的应用主要表现在对旅游消费者的需求进行分析、对旅游消费市场进行细分、加强旅游服务规划与管理、提升旅游服务质量等方面。

（一）对旅游消费者的需求进行分析

旅游消费者在旅游活动中的需求多为旅游活动的顺利开展，旅游活动的顺利开展不仅涉及单一或特定旅游企业的产品和服务，而且涉及包括旅游企业和旅游服务支持企业各个旅游环节之间的协同与合作。具体来说，旅游消费者的需求包括硬件需求和软件需求两大部分。其中，旅游消费者的硬件需求主要包括旅游景区建设、交通设施建设、食宿设施建设等。这些硬件设施的需求常常是旅游消费者的主要需求，也是基本需求；除了硬件需求外，旅游消费者的需求还包括软件需求，软件需求具体包括旅游景区的游览服务、导购服务等。其中，旅游景区的软硬件服务均会影响旅游消费者的消费体验。旅游大数据可以通过对旅游目标消费者人群的调查以及旅游目标消费者的消费记录、反馈意见或建议等进行深入分析，通过统计学的预测模型进行分析，从而对旅游目标消费者的需求进行分析，以便于旅游企业对旅游景区和旅游供应链的完善与建设。

（二）对旅游消费市场进行细分

旅游大数据可以对旅游消费者的基本属性、行为偏好和行为特征进行分析。其中，旅游消费者的基本属性包括旅游消费者的年龄、职业、学历、收入等基本情况，旅游消费者的行为偏好则主要指旅游消费者在旅游活动中表现出来的饮食偏好、住宿偏好、交通偏好等，旅游消费者的行为特征则主要指旅游消费者选择的旅游方式为个人自驾游还是跟团游。旅游动机属于休闲度假或娱乐或会议等原因。通过旅游消费者的基本属性、行为偏好和行为特征分析可以对旅游消费人群和旅游消费市场进行细分，明确不同旅游消费市场的特点，并且根据特定旅游消费市场中目标消费者的喜好，开发个性化、特色化的旅游产品和旅游服务。对旅游管理机构而言，旅游大数据在旅游消费市场细分中的应用不仅有利于推动旅游行业的发展，提高旅游行业的整体收益，还有利于对旅游市场资源的合理分配，提升旅游资源的利用效率，减少旅游资源浪费，推动旅游行业从粗放型发展朝着集约型方向发展。

（三）加强旅游服务规划与管理

智慧旅游大数据通过对已有旅游市场需求的分析，能够对未来旅游行业的发展进行预测。在大数据时代，旅游大数据的分析涉及旅游消费者的各种属性和特点，以此对旅游市场进行细分。除此之外，旅游大数据的分析还涉及旅游景区的规划、交通设施的规划、饮食、住宿等基础设施的修建。对旅游相关管理部门来说，旅游业管理部门可以使用旅游信息和旅游大数据进行调控。例如，旅游有关管理部门通过旅游大数据的管理可以对旅游行业进行宏观调控。旅游企业以旅游信息作为基础，建立旅游大数据平台，了解旅游消费者的需求，加强旅游产品和旅游服务开发，为旅游消费者提供增值服务。

（四）提升旅游服务质量

智慧旅游通过旅游大数据将旅游环节和旅游产业链上的信息连接起来，而通过对旅游大数据的共享可以实现旅游的协同服务。旅游企业和旅游服务提供商之间的各种数据的协同服务，能够使旅游服务各个供应商之间的联系更加紧密。智慧旅游大数据的共享有利于旅游企业和旅游服务商之间对旅游消费者的需求信息进行共享，有利于旅游企业和旅游服务商针对旅游消费者的需求，为其提供适合的产品和服务，从而有效提升旅游服务质量。一些旅游景区为了收集旅游消费者的需求信息，建立了专门面向旅游消费者的信息服务系统，以便为旅游消费者提供人性化的旅游服务，以达到提高旅游消费者满意度、提升旅游服务质量的目的。

第四节　智慧旅游现代技术体系之移动互联网技术

移动互联网技术是智慧旅游的核心技术之一。移动互联网技术涉及的技术领域十分宽泛，包括互联网技术、移动通信技术、手机终端技术等。本节主要对移动互联网技术的定义、特点，移动互联网技术的内容及趋势以及移动互联网技术在智慧旅游中的应用及其意义进行分析。

一、移动互联网技术的定义及特点

移动互联网技术与传统互联网技术一样，均以 TCP / IP 协议作为基础，移动互联网技术自 20 世纪末产生，至今已发展了数十年，然而学术界对移动互联网技术的定义并未达成共识。其中，中国工业和信息化部电信研究院在 2011 年的《移动互联网白皮书》中给出的：移动互联网是以移动网络作为接入网络的互联网及服务，包括三个要素：移动终端、移动网络和应用服务。该定义将移动互联网涉及的内容主要概括为三个层面，分别是：（1）移动终端，包括手机、专用移动互联网终端和数据卡方式的便携电脑；（2）移动通信网络接入，包括 2G、3C 甚至 4G、5G 等；（3）公众互联网服务，包括 Web 和 WAP 方式。移动终端是移动互联网的前提，接入网络是移动互联网的基础，而应用服务则成为移动互联网的核心。[①]根据这一定义，移动互联网技术的基本特点可以概括为以下几个方面。

（1）终端移动性。移动互联网的终端移动性特点是指通过移动终端接入移动互联网的用户通常处于移动之中，移动互联网的终端用户可以在移动状态下接入和使用互联网服务，从而为用户提供随时随地的网络服务。例如，智慧旅游时代，旅游消费者在旅游景区进行游览活动时，可借助手机、电脑、平板等移动终端设备随时随地在移动状态下接入旅游景区覆盖的 Wi-Fi 服务，从而为旅游消费者提供免费 Wi-Fi 上网服务，提升旅游消费者的旅游体验。

（2）业务及时性。移动互联网技术的业务及时性是指用户在使用移动互联网时，能够随时随地获得网络或其他终端上发送的信息，确保用户获取信息的及时性。除此之外，移动互联网技术的业务及时性还指用户无论在碎片化时间或完整时间均可以接收或使用网络信息，并且可以在同一时间内进行多种应用的使用。例如，旅游行业中旅游消费者在旅游活动中的任何环节均可借助手机、电脑、平板等移动终端设备接入移动互联网，并且查询旅游路线、发表旅游体验评价等。

（3）隐私性。移动互联网技术以移动设备作为终端，移动设备用户的隐私性远远高于电脑端用户的要求。移动互联网用户的隐私性特点使得移动互联网

① 马海龙，杨建莉.智慧旅游[M].银川：宁夏人民教育出版社，2017：150.

技术在进行数据共享时既要保障认证客户的有效性，也要保证信息的安全性。

（4）服务便利性。移动互联网技术的服务便利性，是指移动互联网服务的操作要求十分简便，响应时间较为及时，具有较强的服务便利性特点。例如，在旅游活动中，旅游消费者只要持有可连接移动互联网的手机、电脑、平板等移动终端设备，即可随时随地接入移动互联网。在此期间，移动互联网所使用的移动互联网服务十分简单、便捷，无须复杂操作。

（5）业务、终端和网络的强关联性。移动互联网技术的业务、终端和网络的强关联性特点，是指移动互联网服务的实现必须同时满足移动互联网终端设备、移动互联网接入网络系统和移动互联网所获取的电信业务三个方面。例如，旅游活动中一个旅游消费者在景区中要实现实时在线购物服务，必须具备手机、电脑、平板等移动互联网终端设备，接入景区中覆盖的免费网络系统，并且获得移动互联网的支持和认可，才能最终实现上网服务。从这一角度来看，移动互联网技术中的业务、终端和网络具有强关联性的特点。

（6）可定位性。移动互联网技术通过移动设备的 GPS 定位功能对用户的位置进行精准定位，以便网络供应商针对用户所在的地理位置向用户提供精确实时的推送服务，以满足用户的需求。

二、移动互联网技术的内容及趋势

中国移动互联网技术自 20 世纪 90 年代以来，经历了三次发展浪潮。中国移动互联网技术发展的第一次浪潮源于 1999 年，从中国移动运营商引入日本分成模式开始；中国移动互联网技术的第二次浪潮开始于 2004 年，从此，中国互联网技术进入飞速发展时期；中国移动互联网技术的第三次浪潮开始于 2009 年，之后，中国移动运营商逐渐获得了 3G、4G、5G 牌照。

自 1999 年以来，中国已进入移动互联网的高速发展阶段，据《中国互联网发展报告 2020》显示，截至 2019 年底，中国移动互联网用户规模达 13.19 亿人次，占据全球网民总规模的 32.17%；4G 基站总规模达到 544 万个，占据全球 4G 基站总量的一半以上；电子商务交易规模 34.81 万亿元，已连续多年占据全球电子商务市场首位；网络支付交易额达 249.88 万亿元，移动支付普及率位于世界领先水平；全国数字经济增加值规模达 35.8 万亿元，已稳居世界第二位。从这一数据来看，中国移动互联网用户规模已超 13 亿人次。当前，我国移动互联网技术的内容包括移动终端、接入网络、应用服务及网络安全四个方面。

移动终端技术，主要包括终端制造技术、终端硬件、终端软件技术等。其中，以人机交互技术、移动终端节能技术、移动定位技术、移动操作系统、移动中间件、移动应用程序等为主。接入网络技术主要包括移动网络接入技术、移动组网技术、移动网络管理技术等。移动应用服务技术主要包括 HTML 5 技术、移动搜索技术、移动社交网络技术、Web 实时通信技术、二维码编码技术、企业移动设备管理技术等。网络安全技术主要包括移动终端安全、移动网络安全、移动应用安全和位置隐私保护等。根据我国移动互联网技术的发展现状，结合未来世界信息和网络技术的发展趋势可以看出，未来我国移动互联网技术的发展趋势主要为以下几种。

（1）移动互联网技术多样化发展趋势。移动互联网技术是在传统互联网技术、电信网络通信技术以及媒体和娱乐等行业融合发展的基础上发展起来的。移动互联网技术的发展涉及移动通信技术、互联网技术以及无线通信技术等，因此，移动互联网技术的发展趋势也将朝着技术多样化的方向发展。移动互联网技术多样化发展主要包括移动互联网接入技术的多样化发展、移动互联网终端解决方案的多样化发展、手机操作系统的多样化发展以及内容制作的多样化发展、业务模式的多样化发展。

（2）移动互联网技术与物联网的融合发展趋势的根本原因在于物联网和移动互联网技术的基础均为互联网技术，物联网以移动互联网技术作为基础，极大地拓展了物联网的功能，提高了物联网的效率。移动互联网和物联网技术相结合，能够推动物联网的数据采集和处理能力，除此之外，移动互联网的定位、传输和节能技术也可应用于物联网，极大地拓宽物联网的应用场景。例如，智慧旅游中将物联网技术和移动互联网技术结合起来，极大地提升了旅游消费者的旅游体验，为提升旅游消费者的满意度奠定了基础。

（3）移动互联网技术向 IPv6 技术过渡发展趋势。当前移动互联网中应用的技术为 IPv4 技术，这种技术现已无法满足我国飞速增长的移动互联网用户

① 中国互联网协会.《中国互联网发展报告 2020》发布 [J]. 新闻世界,2021(02):92.

的要求，而 IPv6 技术则以其庞大的地址数量为我国移动互联网用户使用移动互联网提供了安全性保障。

（4）移动互联网技术向定位技术的高效精准发展趋势。定位技术是移动互联网的主要应用场景之一。现阶段我国的移动互联网定位技术主要集中于某一类定位技术的定位精度方面，而未来移动互联网技术的发展方向不仅要提升某一类定位的精确度，还要朝着综合利用多类技术以及精准定位的方向发展。

三、移动互联网对智慧旅游发展的意义

移动互联网技术的出现和应用为旅游行业的发展带来种种契机，同时，也为旅游行业的发展带来了较多的制约因素。移动互联网技术的应用对旅游行业发展的制约因素主要体现在两个方面：一方面，智能手机作为移动互联网技术的主要终端设备，在现实生活中得到了较高的应用与普及，然而许多用户并没有完全将智能手机的功能发挥出来，尤其是智能手机支付和预订的功能还没有被一些用户所习惯使用；另一方面，移动互联网技术的大力发展，进一步推动了旅游行业盈利模式的改变，然而，由于当前旅游行业的盈利模式仍处于模糊状态，使得一些旅游企业看不清智慧旅游发展的前景。除此之外，我国现阶段智慧旅游仍然处于初级阶段，移动互联网的终端隐私保护仍然存在一定漏洞，不利于对移动互联网用户的隐私保护。

移动互联网技术在智慧旅游发展中的意义主要表现在构建旅游移动互联网平台实施智慧营销手段。

（一）构建了旅游移动互联网平台

移动互联网技术的应用，使得在智慧旅游活动中，游客可以随时随地使用手机、平板、电脑等移动终端接入移动互联网，并且能够在线完成景区门票购买、景区或景区附近餐饮或住宿的预订，以便确保旅游消费者能够享受个性化的服务。例如，旅游消费者在旅游过程中可以通过互联网移动终端进行预订，从而预订适合个体喜好的餐饮服务。例如，适合个体进食的特色餐厅、适合家庭或朋友聚会的餐厅等。又如，旅游消费者通过移动互联网终端预订酒店。智慧构建旅游移动互联网平台模式包括智慧旅游互联网平台基础设施和互联网平台内容。其中，智慧旅游互联网平台基础设施包括移动通信运营、移动通信服务信息传输服务、移动服务支持系统、便携式智能终端，智慧旅游互联网平台

内容包括内容搭建、内容组织、信息来源与供给。

旅游移动互联网平台在旅游消费的移动信息查询、预订、移动信息搜索、移动定位以及移动支付服务中起着十分重要的作用。移动互联网技术在智慧旅游中的应用使得旅游消费者可以携带智能手机、平板电脑等便携终端设备到旅游景区旅游，并随时随地对当地的旅游景点及旅游服务提供商的口碑进行查询，以便旅游消费者综合选择所需的旅游产品和服务。除此之外，移动互联网技术在智慧旅游中的应用，使得旅游消费者身处旅游景区之中也可以提前对下一步的旅游活动做出规划，随时随地通过智能手机、电脑、平板等终端设备预订机票、火车票、酒店等。除了信息查询与预订之外，移动互联网技术的应用还使得旅游消费者可以进行个性化的定制服务、移动搜索服务、移动定位服务等。

（二）推动了智慧旅游营销手段的创新

移动互联网技术在智慧旅游建设和发展中的应用，还有利于推动智慧旅游营销手段的创新。例如，传统的旅游企业多以组织团体游为主，然而在智慧旅游时代，旅游消费者越来越倾向于个性化服务，为了适应旅游消费者的个性化旅游需求，旅游企业纷纷依托移动互联网技术开发专门的景区 App 或旅游企业App，以便创新智慧旅游营销手段，提高旅游景区或旅游企业的营销效果。例如，旅游景区开发的景区 App 可以通过设置相应的景区介绍板块，以文字、图片、视频等方式对旅游景区进行全面的、立体化的介绍，以便旅游消费者加强对旅游景区的了解。旅游景区开发的景区 App 中，可以向旅游消费者推荐个性化的旅游路线，以适应旅游消费者的个性化旅游需求。除此之外，旅游景区开发的景区 App 还可以设置相应的预订和支付板块，便于旅游消费者对旅游景区的产品和服务进行预订和支付。除了旅游景区开发的专门的 App 之外，旅游景区或旅游企业还可以借助成熟的旅游网络平台对旅游信息进行传播和营销，以便促进旅游消费者对相关旅游产品和服务的购买。

四、移动互联网在智慧旅游管理中的应用

移动互联网在智慧旅游管理中的应用，可具体划分为在旅游景区管理中的应用与旅游支持服务管理中的应用。

（一）移动互联网在旅游景区管理中的应用

移动互联网技术在智慧旅游景区管理中的应用表现在搭建旅游移动互联网监督管理平台、构建视频监控系统、打造电子商务和票务系统等方面。

1. 搭建旅游移动互联网监督管理平台

旅游景区依托移动互联网技术、云计算技术和物联网技术等共同构建旅游监督管理综合决策平台。该平台的建立能够将物联网和互联网技术进行充分整合，使旅游景区的管理者无论在景区指挥室、办公室还是景区的各个角落，均能对景区的实时状况进行了解，及时发布号令，实现旅游景区的可视化、智能化监督和管理。除此之外，旅游移动互联网监督管理平台的搭建还有利于旅游景区进行景区资源宣传与推介，推动旅游行业资源的有效整合和信息共享。

2. 构建视频监控系统

旅游景区由于占地面积大，集中着大量珍贵的物质资源，并且由于地形或地貌原因，存在许多潜在风险，因此，旅游景区的安全保障工作是旅游景区的重中之重。移动互联网技术的应用使得旅游景区可以对重要旅游景点、客流集中地段以及事故多发地段进行重点监控和提醒，及时对旅游消费者进行安全提示，发生安全事故后，立即启动救助预案，及时指挥调度，以确保旅游景区的安防工作到位。

3. 打造电子商务和票务系统

旅游景区以出售门票游览为主要经营模式，必须打造完善的票务系统，移动互联网技术的应用使得旅游消费者能够随时随地在线订购景区的门票。这样，一方面，能够有效地促进地方旅游资源的有效整合，扩大经济效益；另一方面，有利于旅游景区对特定日期的旅游消费者数量进行统计和提前分流，以减少旅游资源的盲目投入，提高旅游景区的管理水平。

除以上几个方面之外，在智慧旅游景区管理中，移动互联网技术的应用还有利于景区智能导览体系的构建、景区购物时在线浏览商品、下单以及支付等。

（二）移动互联网在旅游支持服务管理中的应用

旅游行业的支持服务表现在食、住、行、购、娱等活动中。

1. 移动互联网在旅游餐饮服务管理中的应用

旅游消费者在旅游活动过程中，可以借助移动终端和移动互联网技术对自身所处的位置进行定位，并且对周围的餐馆信息按条件搜索即可获得详细的餐饮服务信息。这些餐饮服务信息不仅涵盖当地的酒店、餐馆、特色小吃摊位，还包括到达这些餐饮服务场所的具体路线，并且能够为旅游消费者提供在线预订、点餐、支付等服务。移动互联网技术的这一特点使得旅游餐饮企业不仅可以在线进行餐饮产品和服务宣传，还可以对就餐人群进行细分，根据就餐人群的用餐特点制定打折、促销等营销策略，并且可以开发新产品，为旅游消费者提供个性化的餐饮服务。

2. 移动互联网在旅游酒店服务管理中的应用

住宿活动是旅游活动中的重要内容，也是旅游消费者最关注的旅游服务之一。移动互联网技术在酒店服务管理中的应用主要表现在酒店预订、酒店智能化管理等方面。移动互联网技术的应用使得酒店通过推出专门的酒店预订应用App，使得旅游消费者能够有机会借助手机、平板、电脑等移动终端查找酒店信息、预订酒店并且完成在线支付。除此之外，酒店管理者还可通过旅游消费者的信息搜索为旅游消费者推荐符合条件的酒店，进行精准客户营销。

当旅游消费者入住酒店后，酒店管理者可通过手机、平板电脑等移动终端设备借助移动互联网技术帮助旅游消费者对室内环境进行智能化调节，使周围环境适应入住用户的需求。例如，旅游消费者入住酒店房间后，酒店管理者可以使用手机对室内的温度、湿度、通风系统、音乐、电视等进行控制，使其符合旅游消费者的个人需求，提升旅游消费者的入住满意度。

3. 移动互联网在旅游交通服务管理中的应用

移动互联网技术在旅游交通服务管理中的应用主要表现在路线导航和票务预订方面。交通是旅游活动的基本要素，交通票务是旅游交通中必不可少的内容，旅游消费者在开展旅游活动时，可借助移动互联网进行票务预订等。现阶段我国交通系统的信息化建设越来越完善，一些旅游服务公司借助移动互联网技术，开发了诸多关于机票、火车票等交通票务预订和购买的移动App，旅游消费者在旅游过程中可以通过手机、平板、电脑等移动终端在线进行票务查询、预订和购买，为旅游消费者的出行提供了交通保障。除了交通票务系统之外，近年来，选择自驾游的旅游消费者越来越多，为了提升旅游消费者的自驾游体验，一些企业利用智能手机，借助移动互联网技术开发了手机导航App，为旅游消费者提供了自驾导航服务。

4. 移动互联网在旅游购物服务管理中的应用

移动互联网在旅游购物服务管理中的应用主要表现在旅游商品信息查询、移动支付等方面。

在传统的旅游活动中，旅游消费者在旅游过程中遇到心仪的商品时，通常无法对商品的真伪和价格进行有效辨别，一些不法商贩因此以假乱真，对旅游消费者实行欺诈；移动互联网技术的应用使得旅游消费者在旅游过程中遇到心仪的商品后，可以在线对同类型的商品信息进行搜索，详细了解同类型商品的价格、规格，以及商品评价和相应的真伪辨别等，既有利于有关部门对旅游商品市场进行监管，又有利于旅游消费者提升购物体验。

除了旅游商品信息查询外，移动互联网技术还可应用于旅游购物支付。在传统旅游活动中，旅游消费者在购买旅游商品或服务时，只能使用现金，而移动互联网技术的应用，使得旅游消费者在购买商品时不仅可以使用现金，还可以使用手机银行、运营商支付以及第三方支付平台支付。

5. 移动互联网在旅游娱乐服务管理中的应用

旅游活动中包含着多种形式的娱乐活动，这些娱乐活动通常贯穿于旅游活动的始终。移动互联网技术的应用，能够提高旅游消费者参与旅游娱乐服务活动的积极性，并对旅游娱乐活动进行互动和分享。旅游景区及其周边的旅游服务提供商可以通过开发 App 或发布信息传播旅游娱乐活动的相关信息。旅游消费者在旅游活动中，可以通过手机、平板、电脑等移动终端设备对旅游景区中或景区附近的娱乐信息进行搜索，详细了解有关娱乐活动开始的时间、地点以及活动项目的参与攻略等，便于旅游消费者及时参与旅游娱乐活动。旅游消费者还可借助手机、平板、电脑等终端设备在线观看旅游娱乐节目的表演。除此之外，旅游消费者在旅游活动中还可以借助手机、平板、电脑等移动终端对旅游过程中的娱乐活动信息、照片、视频进行分享，以提升旅游娱乐的乐趣。

第五节　智慧旅游现代技术体系之人工智能技术

人工智能技术是智慧旅游的核心技术之一，本节主要对人工智能技术的定义及特点、人工智能技术在智慧旅游管理中的应用、人工智能技术在智慧旅游应用中的注意事项等进行阐释。

一、人工智能技术的定义及特点

（一）人工智能技术的定义

人工智能技术的发展是伴随着信息技术的发展而发展起来的，人工智能技术诞生至今已经历了 60 多年的发展。当前，我国人工智能技术正处于快速发展时期。现在，人工智能处于新的发展阶段，即新一代人工智能。《新一代人工智能发展白皮书（2017 年）》中指出，人工智能的定义已从用计算机模拟人类智能演进到协助引导提升人类智能，通过推动机器、人与网络相互连接融合，更为密切地融入人类生产生活，从辅助性设备和工具进化为协同互动的助手和伙伴。[1]

（二）人工智能技术的特点

第一，人工智能技术的综合能力强的特点。人工智能技术能够对各种信息进行分析、整理、综合并且加以运用，即便信息不完整、不全面也能够对事物进行推理和判断。第二，人工智能技术的符号处理特点。人工智能技术将系统与数值方程结合起来，建立了一个高效能的符号—数值耦合系统，因此，人工智能技术具有符号处理的特点。第三，人工智能技术的知识继承特点。人工智能技术作为一门专业性强的、正在发展中的技术，仅仅被少数专家所掌握。除此之外，人工智能技术的积累与经验总结可以传播给其他人工智能专家，有利于知识的继承。

二、人工智能技术在智慧旅游管理中的应用

人工智能技术在智慧旅游管理中的应用十分广泛，具体包括以下几个方面。

（一）人工智能技术在旅游信息的收集、传播中的应用

人工智能技术在智能旅游发展中，能够利用人工智能中的模式识别和自然语言处理技术在旅游活动过程中收集各种事物的信息、图片、语言等，从而利用人工智能技术的推理和计算能力，对旅游消费者的搜索进行分析，从而为旅

---

[1]　国家知识产权局学术委员会．产业专利分析报告　第 65 册　新一代人工智能 [M]．北京：知识产权出版社，2019：1.

游消费者提供具有个性化的旅游服务。在智慧旅游中，旅游企业的管理者可以通过人工智能技术对旅游消费者的目的地进行搜索，以往旅游目的地评价以及旅游消费者的行程安排、旅游消费者在旅游活动中对交通等各种服务信息的要求等的收集、整理与分析，从而对游客的旅游心态、目的进行分析，有针对性地为旅游消费者推荐合适的、优化的，适合旅游者个性和特点的最佳旅游目的地、旅游线路和交通方式等最优方案。除此之外，人工智能技术还可根据旅游消费者以往的旅游消费习惯，向旅游消费者推荐适合的旅行社、旅游目的地等信息，实现旅游企业的精准营销。

（二）人工智能技术在旅游解说、导览中的应用

人工智能技术可以应用于旅游景区的解说和导览活动中。传统旅游活动中，解说和导览大多由导游担任。然而，景区导游大多为旅游团体服务。近年来，随着智慧旅游的兴起和发展，旅游方式越来越朝着多样化的方向发展，除了团体游之外，个性化旅游、自驾游、家庭游等旅游方式兴起，对旅游解说和旅游导览的需求越来越丰富。对此，旅游景区的管理要借助人工智能技术开发出多种旅游解说和导览软件或硬件，可应用于旅游导览活动中。例如，以人工智能技术为核心技术开发的在线翻译、拍照翻译、语音翻译等翻译软件，为国外游客提供专门的人工智能旅游解说。旅游消费者只需使用下载相关软件的手机终端设备对准景区中的路牌、指示语等进行拍照，即可出现翻译文字，帮助不同国家的旅游消费者明确自己所处的位置，并明确下一步行走路线。

人工智能技术还可应用于自助导览活动，代替导游的引导和讲解工作。人工智能可为旅游消费者提供丰富的自助导览服务，不仅为旅游消费者提供精确的路线导航，推荐景区的特色表演，以及饮食、娱乐等信息，还可以与旅游消费者进行互动，满足旅游消费者的信息推荐等需求。

（三）人工智能技术在旅游服务方式变革中的应用

传统的旅游服务方式多以人工服务为主，人工智能技术的应用，使得旅游服务方式发生了较大改变。旅游景区通过借助人工智能技术，不断改进旅游预订和呼叫系统，通过旅游消费者与人工智能系统进行互动的方式，使人工智能系统详细了解旅游消费者所处的位置、个性偏好等信息，并对这些信息进行分析后，为旅游消费者提供具有个性化的产品或服务。例如，旅游景区可在景区门口或关键景点处设立人工智能系统，旅游消费者通过与人工智能系统进行交

流，即可获得其所处位置、距离心仪景点的距离、附近的特色娱乐活动或餐饮等信息，人工智能系统还可以根据旅游消费者的需要，为旅游消费者推荐适合其需求的旅游路线。

（四）人工智能技术在旅游景区安全管理中的应用

旅游景区面临着山石滑坡、地震、泥石流、洪水等自然灾害，以及各种突发公共事件等风险，因此，旅游景区的安全管理十分必要。人工智能技术在旅游景区中的应用还包括在景区安全管理方面的应用。旅游景区的安全管理问题是旅游企业的重中之重，也是旅游企业不可忽略的永恒主题。旅游企业的安全管理问题事关旅游消费者的生命财产安全，以及旅游企业的切身利益。人工智能技术在旅游企业的安全问题方面均为基于模式识别的图像支持，例如，指纹识别、文本识别、虹膜识别、面部识别、车牌识别等，当前这一技术已得到了较为广泛的应用。人工智能技术中的视频分析技术能够实现对具有连续状态的视频流的分析，可以提升人类行为辨别，并对人类行为特征进行分析和判断，从而有利于加强旅游景区的安全管理。而随着人工智能技术中的神经网络模型、智能计度等技术应用在旅游景区的监管及调度中，可以实现对进入旅游景区的消费者数量的统计，以及旅游消费者在旅游景区的空间分布状态的统计，从而有利于景区对客流量的限制、分流与管理，防止和减少景区内部出现游客的过分扎堆与拥堵等现象，减少由于某一景点人数过多导致的踩踏行为，提升旅游消费者的旅游体验。除此之外，旅游景区还可利用导航定位系统和视频分析技术，对景区内的烟雾等异常现象的速度、方向等运动特征进行智能分析和预测，达到防火防灾的预警效果。除以上几个方面之外，人工智能技术应用到景区管理中时，还可以对旅游消费者的数量进行预测，并结合大数据、物联网等技术对旅游景区的游客密度、游客空间分布特征等进行分析并做出合理的管理决策。

三、人工智能技术在智慧旅游应用中的注意事项

人工智能技术在智慧旅游发展中的应用具有积极作用，然而，任何新生事物的推广必然面临着一定的挑战。人工智能技术在智慧旅游应用中，应注意信息和网络安全风险、可能引发的伦理道德风险以及完善人工智能技术应用的法律和法规等。

（一）人工智能技术在智慧旅游应用中的信息和网络安全风险

人工智能技术是建立在信息技术之上的一种核心技术，人工智能技术的原理十分复杂，在智慧旅游发展中应用人工智能技术可以通过对旅游消费者的姓名、住址、旅游偏好、兴趣、饮食特点等信息的输入和分析为旅游消费者推荐适合的旅游目的地，并且根据旅游消费者的交通习惯等为旅游消费者规划旅游线路，当旅游消费者到达旅游景区时，旅游消费者在旅游景区的消费和支付等也涉及人工智能技术的应用。由此可见，人工智能的使用过程中涉及旅游消费者大量的个人隐私、金融安全，甚至人身安全。因此，在智慧旅游发展中应用和推广人工智能技术需要整个社会不断提高社会治理能力，加强社会治理体系的规范化，加强各个旅游平台上的信息和网络安全，确保旅游平台上的旅游消费者信息安全。对于旅游和企业来说，在应用人工智能技术时可从两个方面着手加强信息和网络安全：一方面，旅游企业管理部门应强化旅游企业所创建的线上旅游平台的技术防护，提升线上旅游平台的信息和网络防护等级，提升线上旅游平台的信息和网络安全风险防护；另一方面，旅游企业管理部门应加强企业内部工作人员的职业道德和职业操守，尤其是管理旅游信息的主要工作人员，要严格规范旅游信息的利用、管理和储存，防止旅游企业内部工作人员故意泄露旅游消费者的隐私信息，从而提升旅游企业信息和网络安全风险。

（二）人工智能技术在智慧旅游应用中可能引发的伦理道德风险

人工智能技术不同于云计算、大数据、物联网等技术，在智慧旅游背景下，人工智能技术的应用存在较强的伦理道德风险。现阶段，人工智能技术被广泛地应用于智慧旅游的各种场景中，例如，智能导览系统。当人工智能技术被应用于智能导览系统时，人工智能机器人需要与旅游消费者进行互动。其中多以智能机器人为主。景区中的智能机器人虽然具备较高的智能，例如，知识学习、知识获取能力、逻辑思维与推理能力、仿人类行走能力、仿人类语音能力等，能够为旅游消费者提供良好的服务。然而，智能机器人的使用虽然能够为景区和旅游消费者带来种种便利，然而也隐藏着诸多弊端，甚至易引发社会伦理道德风险。例如，一旦智能机器人的算法出现错误或偏差，智能机器人在进行旅游服务时，可能出现不文明用语、性别歧视等现象，影响旅游消费者体验质量，产生不良社会影响。除此之外，人工智能技术被不法分子利用，可以用于模仿人类进行手写伪造、人像修改、人声变造等不法行为。这些行为不仅不利于旅游行业的形象，还会触犯法律，导致犯罪。人工智能技术本身作为人类开发的一种技术，不存在善恶之分，如果使用不当，人工智能技术就会为社会带来风险隐患，直接危害旅游企业或旅游消费者的利益。因此，在使用人工智能技术时，应进行定期检查，防止人工智能技术出现滥用现象，同时做好人工智能设备的后期维护，重视人工智能设备的性能设计，将其置于一定的逻辑框架和道德判断标准之内，以免出现种种伦理道德风险。

（三）在智慧旅游发展中应完善人工智能技术的法律和法规

任何科技的发展和迭代更新均伴随着社会法律法规和道德的完善，人工智能技术作为一种新技术，发展速度较快，短短数十年来，人工智能技术已获得了飞速发展并应用到社会各行各业。随着人工智能技术的发展，人工智能技术的概念、内涵和外延进一步丰富和复杂。人工智能技术在智慧旅游发展中的应用范围和应用场景越来越广泛，然而，由于人工智能和智慧旅游的相关立法相对滞后，导致人工智能技术的应用中存在法律意识淡薄的现象。因此，在智慧旅游发展中应完善人工智能技术的法律和法规，明确旅游景区在人工智能技术和设备使用中的责任与义务。确保旅游景区将人工智能设备终端收集的旅游消费者的信息妥善保存，防止泄漏，针对侵犯旅游消费者隐私的违法事件进行严格惩处，依法追究相关责任人的法律责任，保障旅游消费者的信息安全。

综上所述，人工智能技术作为智慧旅游发展中不可或缺的核心技术，在智慧旅游发展中的应用范围越来越广泛，为旅游产业的发展带来新的契机，推动了旅游景区和旅游服务提供商的经营管理模式的转变，提升了旅游消费者的体验质量，有利于旅游行业的规范性发展。人工智能技术在智慧旅游发展中的应用，进一步提升了旅游资源和现代信息科技的整合，开拓了旅游行业的新业态，在未来智慧旅游发展中起着十分重要的作用。然而，人工智能技术作为门新兴学科和正在发展中的技术，在其发展和应用中仍然存在诸多问题，尤其是在法律法规方面亟待完善。因此，在旅游行业的应用中需完善相关法律法规，确保人工智能技术在智慧旅游中的应用既符合法律规范，又符合社会伦理道德，切实促进旅游行业的发展。

第四章　智慧旅游背景下不同旅游行业的管理

第一节　智慧旅游背景下的景区管理

旅游景区是旅游活动的重要构成要素之一，在旅游活动中起着十分重要的作用。本节主要对智慧旅游背景下旅游景区的安全管理、旅游景区的游客管理、旅游景区的车辆管理、旅游景区的办公管理、旅游景区的营销管理五个方面进行详细阐释。

一、旅游景区的安全管理

旅游景区的安全管理不仅直接关系到旅游消费者和景区工作人员的生命财产安全，还直接关系到旅游景区的可持续发展。无论是在传统旅游活动中，还是在智慧旅游背景下，旅游景区的安全管理均为不可忽视的问题。现阶段，我国智慧旅游背景下的景区安全管理主要集中在两个方面：一方面，充分借用智慧旅游的发展，构建景区危机管理的 5R 模型以及"社区警务 + 景区管理"的安全管理模式；另一方面，充分利用智慧旅游的核心技术，构建 GIS 系统，为平台构建景区灾害管理系统，采用参与式地理信息技术（PGIS），模拟景区的自然灾害情景，充分做好旅游景区自然灾害预警以及遭遇自然灾害时的危机处理。除此之外，不同旅游景区面对的具体地理环境、景区特点不同，还需利用智慧旅游核心技术做好各种安全管理。

（一）构建景区危机管理的 5R 模型以及"社区警务 + 景区管理"的安全管理模式

1. 旅游景区危机管理的 5R 模型

旅游景区危机管理的 5R 模型是在西方学者罗伯特·西斯（Robert Heath）的危机管理 4R 模型的基础上，按照时间维度提出的旅游景区危机管理模型，主要包括五个环节，即减少（Reduction）、预备（Readiness）、反应（Response）、恢复（Restoration）和回顾（Retrospect），取这五个环节的首字母，简称为5R模型。

（1）减少（Reduction），是指在智慧旅游背景下，旅游景区管理部门在日常管理工作中应通过树立危机意识，成立危机管理小组并且培养危机发言人，对旅游景区进行风险评估并对可能出现的危机制订应急预案，加强旅游景区旅游消费者和居民、工作人员的保险制度管理。这些工作均有利于减少危机发生的可能性，降低危机发生的概率。

（2）预备（Readiness），是指在智慧旅游背景下，旅游景区管理部门应从加强景区工作人员的危机培训、加强危机预警、加强危机演习、充分做好战略物资储备等方面对旅游景区的工作人员加强培训，做好随时应对突发危机状况的准备。

（3）反应（Response），是指在智慧旅游背景下，旅游景区管理部门应加强危机发生后的响应速度。危机的发生通常具有突然性，留给旅游景区的处理时间十分短暂和紧迫。危机发生后，旅游景区管理部门应在第一时间启动危机应急预案，针对不同的危机迅速成立危机应急指挥小组，指挥安全救援人员迅速赶往危机现场，对人民群众的生命财产进行抢救，将人民群众的利益放在首位。在进行及时的救援之后，应迅速收集安全事件的有关信息，并对此次危机事件对旅游景区所造成的损失进行评估。同时，本着公开透明的原则及时对外发布有关危机以及危机处理的信息，必要时须召开专门的危机情况说明会或危机处理发布会，树立旅游景区勇于负责的形象，防止不实流言的传播。最后，旅游景区应对危机事件中的有关人员进行安抚与赔偿，并与有关媒体进行有效沟通与合作，保持信息公开透明。

（4）恢复（Restoration），是指对危机过程中遭到破坏的旅游景区场地和有关设施进行修复，并对旅游景区加强安全维护。通过营销手段加强旅游景区的形象管理，使旅游景区快速恢复正常。

（5）回顾（Retrospect），是指对危机过程进行回顾，并且对危机事件的发生、发展以及危机事件的处理措施等进行回顾与审视，总结危机事件管理的经验与教训，对危机事件中暴露出来的景区安全管理方面的漏洞进行完善，提高旅游景区危机意识以及危机应对能力。

2."社区警务＋景区管理"的安全管理模式

旅游景区管理中的安全管理是旅游管理中的重中之重。近年来，我国经济发展速度较快，人民的生活水平获得了较大发展，越来越多的人开始将旅游作为一种日常休闲活动，加之小长假的休假模式调整，我国旅游已进入大众旅游时代。尤其是随着智慧旅游的兴起与发展，旅游模式发生了改变，从传统的团体游模式向自主性强的自驾游模式转变。此外，在智慧旅游背景下，由于信息的传播方式更加多样，传播范围更加广泛，传播途径更加灵活，即便景区属于新开景区，或地处偏僻的景区，均能吸引具有相应旅游需求的游客。而随着旅游景区游客数量的增多，使得旅游景区游客的安全管理成为旅游景区管理工作的重点。旅游消费者在旅游过程中难免会遇到财物丢失、生病、迷路、受伤、走失、在景区被困，遗失身份证明，旅游地环境咨询，对旅游经营者的投诉等，这些问题的产生与旅游景区景点多、地形复杂、旅游消费者对周围环境不熟悉等因素有关。这些问题，尤其是关系到旅游消费者生命安全的问题须旅游景区特别关注。然而，这类问题产生时，单纯依靠旅游景区的力量并不能解决，必须求助当地社区警务部门。因此，一些旅游景区在进行安全管理时，构建了"社区警务＋景区管理"的安全管理模式。

（二）利用智慧旅游核心技术构建景区安全管理系统

景区安全管理具体包括景区视频监控系统、景区应急救护系统、景区灾害管理系统、景区环境监测系统，这些均需利用智慧旅游的核心技术加以构建。

景区视频监控系统主要是利用物联网技术、移动互联网技术、大数据技术、云计算技术等，在景区中安装监控摄像头，对重要旅游景点、客流集中地段以及事故多发地段进行实时监控，并将监控数据上传至景区指挥调度中心，以便指挥中心人员对旅游景区进行随时监控，对一些安全问题进行实时监测和预警。例如，景区某一景点人员过多时，即可及时对人流量进行控制，防止出现拥挤、踩踏等事故。一旦发生安全问题时，景区可以根据安全问题的种类及时通知相关救援人员进行救助。

景区应急救护系统包括景区应急广播设施的构建、应急广播功能的确定、应急救护响应机制的构建以及配备救护报警设备。景区应急救护系统是指依托智慧旅游核心技术物联网、移动互联网等技术，在景区出现安全事故时，通过应急广播设备进行安全广播，及时通知旅游消费者有序撤离安全事故现场，并通知安全人员到达安全事故现场开展救援活动。

景区灾害管理系统指的是突发自然灾害应急管理救护系统。旅游景区的自然灾害类突发公共事件主要指因山体滑坡、地震、泥石流等地质灾害,雷电、水灾等气象灾害所引发的游客伤亡事件。我国地大物博,旅游景区遍布全国各地,其中可能包含高山、河流、森林等地形地貌,一旦发生自然灾害,可能会造成景区旅游消费者的人身财产安全。对此,旅游景区可借助大数据技术、GPS 技术等构建景区灾害管理系统。景区灾害管理系统可划分为数据库子系统和救灾管理子系统,其中数据库管理子系统可通过对景区中易发生自然灾害的地段的道路、网络、救援、物资分配等信息,结合具体的地质信息、天气信息等对景区内部可能发生的自然灾害进行预警,并结合对以往景区自然灾害发生时的各种信息和数据的分析,制订自然灾害救灾方案和应急决策。救灾管理子系统则对自然灾害发生后的灾情信息进行及时发布、制订救灾方案、安排救援物资和人员调派等。

景区环境监测系统是指借助物联网、云计算等技术对旅游景区进行长期的、稳定的环境监测,通过收集旅游景区自然环境的各项数据,对景区自然环境的质量进行了解。景区环境监测系统多为自动化、无人化系统,不仅可以通过各种设备对景区内部的生态环境进行监测,还可以自行上传数据,并按照时间形成相应的报表,供旅游景区管理人员对景区生态进行监控。

二、旅游景区的游客管理

游客,又称旅游消费者,是旅游活动的核心要素,一方面,他们是旅游景区的服务对象和旅游景区的消费者;另一方面,旅游消费者在开展旅游活动时常常为旅游景区造成多种负面影响。因此,旅游消费者管理是旅游景区管理的重中之重。旅游景区旅游消费者管理的内涵是在旅游消费者开展旅游活动时,对旅游消费者的行为进行引导和调控,同时,对旅游消费者的行为进行必要的引导、约束和管理,以便确保旅游消费者的生命和财产安全,同时,确保旅游消费者在旅游活动中能够获得良好的旅游体验,促进旅游景区的资源和环境保护。根据这一定义,旅游景区旅游消费者管理的目标主要为提升旅游消费者的旅游体验、保护旅游景区资源和环境、保障旅游消费者的人身和财产安全。

近年来,旅游消费者人数呈现直线上升态势。随着旅游人数的上升,旅游景区的旅游消费者管理方面涌现出一系列问题。其中的典型问题包括票务技术落后，旅游消费者排队时间过长；旅游信息传播途径狭窄，有的旅游景区旅游消费者拥挤，而有的旅游景区则门可罗雀，旅游消费者数量较少；旅游景区的服务和管理不规范，影响旅游消费者的旅游体验等。

这些问题的存在极大地影响了旅游景区的可持续发展以及旅游消费者的消费体验。智慧旅游的兴起和发展，将先进的信息技术应用到景区管理之中，为旅游景区的旅游消费者管理提供保障。旅游景区的旅游消费者管理按照不同标准，可以划分为不同的类型，在这里主要从旅游景区旅游消费者的行为管理和旅游景区旅游消费者的容量管理对智慧旅游背景下的旅游消费者管理进行分析。

（一）旅游消费者的行为管理

从旅游消费者行为来看，旅游消费者的行为按照时间顺序可以划分为旅游活动开始前的旅游信息收集、旅游目的地确定、旅游门票购买、旅游景区游览、旅游体验评价几个方面。

旅游信息收集阶段，需要旅游景区借助核心信息技术拓展旅游信息传播渠道。具体来说，旅游景区可通过构建专门的旅游景区官方网站、新媒体宣传平台、景区 App，入驻专门的旅游网站等，传播旅游景区信息，扩大旅游景区宣传渠道。从而使旅游消费者可以借助电脑、手机等终端设备搜索旅游景区信息，并且在线预订和购买旅游景区的门票。

旅游目的地确定后，旅游景区可借助云计算、物联网等信息技术构建线上线下一体化的票务系统，包括在线预订、支付宝和微信支付，以及电子门票系统和自助售取票机等。旅游消费者到达旅游目的地后可以通过自助售取票机进行取票，或直接使用电子门票，以避免人工排队售票和检票。电子票务系统在减轻旅游景区工作人员压力的同时，能够创造人性化的服务环境，提升旅游消费者旅游体验质量。

旅游消费者进入旅游景区游览后，为了便于旅游消费者进行游览，旅游景区可以建设电子导游设备。例如，电子导览机，对旅游消费者进行电子导览。当旅游消费者进入景区后，电子导览设备即通过语音对该景点进行介绍，便于为旅游消费者提供个性化的服务。但电子导游不能取代人工导游和旅游景区内部的各种指示牌，因此，旅游景区在设置电子导游的同时，也不能忽略人工导游培训和园区指示牌建设。除了导览系统外，旅游消费者在景区游览过程中还涉及购物、娱乐等。为了给旅游消费者提供良好的旅游产品和服务购买体验，旅游景区需进行景区一卡通，以及微信、支付宝等在线支付系统建设，提升旅游消费者的旅游景区消费体验。

旅游体验评价一般是指旅游景区为了收集旅游消费者的反馈意见或游客在线投诉平台，多借助旅游门户网站、微信平台、景区官方网站或景区旅游 App 平台等收集旅游消费者的旅游评价意见，从而针对性地对旅游产品和服务进行改进，创新旅游产品和服务，从而不断提升旅游消费者体验质量。

除以上几点外，针对旅游消费者在旅游景区游览过程中的不文明行为，可以借助移动互联网、物联网等技术加强对旅游消费者的行为监督，利用旅游景区内部的智能电子控制系统播放文明提示，对旅游消费者的行为进行引导。

（二）旅游消费者的容量管理

旅游消费者的容量管理并非指旅游景区的空间容量，而是指旅游景区的环境容量。旅游景区的环境容量是指旅游景区在自然环境能够承受且不被破坏的前提下，长期保持高质量服务水平时可以接待的游客数量上限值。[1]旅游景区环境容量是旅游景区可持续发展的关键指标之一。旅游景区容量涉及旅游景区的空间容量、生态容量、经济发展容量、社会地域容量以及旅游心理容量等。

旅游消费者的容量管理主要指旅游高峰期的旅游消费者管理。旅游行业是一个淡旺季十分鲜明的行业。当处于淡季时，旅游景区的游客数量往往远远达不到景区载量上限，然而在旅游旺季，尤其是"五一"小长假和"十一"旅游黄金周，以及中秋节、春节等节假日期间，旅游景区的游客数量则极易接近或达到景区载客上限。这时就需要对旅游消费者的数量进行限制。

如果旅游景区长期处于容量极限状态，不仅会对旅游景区的生态环境造成较大破坏，而且会对旅游景区的设施，例如，登山护栏、缆车、索道、游船等造成较大破坏，对旅游消费者的人身安全产生威胁。此外，旅游景区长期处于超载或接近超载的容量极限会对旅游景区内部的文物古迹产生威胁，甚至造成文物古迹的损害。旅游景区的容量极限状态还会引发旅游消费者的不安情绪，导致旅游消费者无法在安静的环境中欣赏景区景色，感受景区文化，从而对旅游消费者的旅游体验质量造成不良影响。除以上几方面外，旅游景区的容量超

---

[1] 毕文升. 旅游高峰期景区游客时空分流管理研究 [D]. 合肥工业大学, 2018: 22.

载还会给当地社会带来物质消耗增加、垃圾增加、社区拥挤等负面影响。

旅游景区游客的容量管理包括增加实际旅游容量、扩大景区日容量、实行定量定点管理技术、运用队列管理技巧等方式。在智慧旅游背景下，旅游景区可通过在线售票系统、预售票制度对旅游景区的游客进行限流管理。除此之外，旅游景区可借助旅游互联网、传真等通信技术对旅游消费者的人数进行预测，此外，还可利用卫星定位系统以及全球跟踪系统对旅游景区内部的旅游消费者数量分布进行监控，合理有序分流游客，提升旅游消费者的旅游满意度和旅游体验质量。

三、旅游景区的车辆管理

车辆管理是旅游景区管理的重点，近年来，随着自驾游数量直线上升，旅游景区停车场的车辆总数量越来越多。在传统旅游活动中，旅游景区的停车场多采用人工管理方式，这种管理方式的效率十分低下，不利于旅游消费者消费体验质量的提升。在智慧旅游背景下，旅游景区的车辆管理主要包括两个方面：一方面是自驾游旅游消费者所驾驶的车辆，即外来车辆管理；另一方面是旅游景区的游览车辆管理。

（一）旅游景区的外来车辆管理

旅游景区为了方便对外来车辆进行管理，应从三个方面着手：第一，在旅游高峰期，通过网上预约机制加强对旅游消费者的车辆总量的控制，避免车辆总量超载导致旅游景区停车场位置不够带来的不良旅游体验；第二，加强交通诱导信息系统建设，借助移动互联网、大数据、云计算等核心技术，完善旅游景区的旅游诱导服务，将交通管制信息、景区周边交通监控数据、交通事故、交通拥堵警报等进行及时发布，从而对自驾游车辆进行引导；第三，加强旅游景区停车场智能管理系统建设。传统的旅游景区停车场常使用人工管理方式，管理效率十分低下，智能视频监控技术在车辆管理中的应用，可以节省人工，实现停车场的智能化。旅游景区通过安装可以识别车辆的摄像机，即可对外来车辆车牌信息进行自动识别，并对来往车辆的信息进行记录。当外来车辆驶出停车场时，可以自动计算该车辆在停车场中的停车时间，自动通过扫码收取相应的费用。除此之外，智能停车场还可根据停车位总量和已停车数量自动计算剩余停车位数量。智能停车场还可对停车场内的车辆进行监管，防止出现偷盗、碰撞等事件，从而提升旅游景区外来车辆管理效率。

（二）旅游景区的游览车辆管理

旅游景区是一个相对封闭的区域，该区域内部设置了多个旅游景点，不同旅游景点之间的距离不等。如果旅游景区较大，旅游消费者单纯依靠步行在短时间内很难游览景区内的所有景点，而过度疲乏也会降低旅游消费者的旅游体验质量。为了提高旅游消费者的体验质量，许多规模较大的旅游景区内部都设置了游览车辆或观光车辆。旅游消费者在游览过程中可以搭载景区游览车辆，从而提高旅游体验质量。智慧旅游背景下，旅游景区可通过构建智能车辆调度管理系统，合理安排景区车辆的分布和组织运行顺序。旅游景区的车辆调度需要根据旅游景区游客的实际预约乘车情况，既要满足旅游消费者的乘车意愿，也要保障旅游景区的运营效益。从旅游景区的角度来看，希望景区内游览车辆的承载率达到最大化，从而实现降低运行成本，实现运行效益最大化的目标。然而，从旅游消费者的角度来看，希望减少排队、等待以及乘车的时间，获得更加便捷的服务。因此，旅游景区和旅游消费者在景区车辆调度方面存在较大的利益冲突，旅游景区的游览车辆调度需要同时满足旅游消费者需求和旅游景区利益最大化，就需要借助智慧旅游核心技术。例如，大数据分析、云计算等技术对旅游消费者的乘车规律进行分析，在此基础上加强对游览车辆的管理和调度。

对此，旅游景区可通过开发和建设乘客智能管理系统，方便旅游消费者通过手机、平板、电脑等移动终端设备便捷地预约游览车辆。旅游景区的乘客智能管理系统则可根据乘客预约情况对景区的游览车辆进行调度，以满足旅游消费者的乘车要求，实现旅游景区运营效益最大化。例如，西溪湿地景区的游览车辆包括电瓶车、摇橹船、接待船等，这些车辆或船上均装有 GPS 定位系统车载终端，对景区的车船进行定位、监控以及调度管理，方便景区管理者掌握景区车船的运行轨迹、行驶速度以及确切的位置等，便于对景区内部的车辆进行统一调度。

四、旅游景区的办公管理

智慧旅游背景下旅游景区的办公管理主要包括旅游景区数字指挥中心、办公自动化、财务管理智慧化、经营资源智慧化，以及景区旅游信息资源管理系统的完善、统计、分析等功能。其中，旅游景区的数字指挥中心，需要连接景区的监控终端系统，并对监控终端进行控制；对景区人员和车辆进行指挥和调度；同时，在遇到突发事件时，便于迅速处理突发事件，以保证旅游景区的接待质量；除此之外，数字指挥中心还需对旅游景区各方面的综合信息进行获取和快速公布。旅游景区数字指挥中心需要对景区运营的各类数据，包括视频数据、客流量、停车场、天气、交通、能耗分析、告警信息等实时信息和数据进行分析，从而为旅游景区的决策提供依据。旅游景区的办公自动化则包括旅游景区内部工作人员日常办公中的电子邮件、文档管理、公文流转、审批、工作日历、人员动态展示、财务结算、公告、新闻、通知、个人信息维护、会议管理、考勤管理等。旅游景区的财务管理智慧化则包括旅游景区的资产管理、投资管理、营业收入管理、利润管理、成本费用管理、税金管理等项目的智慧化管理。旅游景区的经营资源智慧化管理则包括景区商业资源部署、景区商铺经营、经营监管、合同管理、物业规范等内容。旅游景区的信息资源管理包括景区旅游信息资源管理系统、旅游信息资源分析系统、旅游管理资源信息库、旅游服务资源信息库，以及旅游景区定期上报给有关政府旅游管理部门的数据、共享给同级部门的旅游信息资源等。

在智慧旅游背景下，旅游景区的智慧化办公管理系统能够确保旅游景区内部人力、物力合理分配，保障旅游景区的日常运行规范合理化。例如，峨眉山景区设立了智慧管理指挥中心，以建设"数字化峨眉山"为口号，运用多种信息技术，通过借助 GPS 终端设备、监控终端设备、门禁以及环境资源检测等对旅游景区的信息和数据进行收集、整理以及分析，从而确保旅游景区的日常运行和管理。其中，"数字化峨眉山"指挥中心是景区所有管理职能部门的通讯指挥网络核心，旅游景区的管理者可以通过该指挥中心将实时指令迅速传达到旅游景区接待的第一线，从而对旅游景区内部的人力、物力进行分配，迅速处理突发事件，确保旅游景区的旅游接待质量。

五、旅游景区的营销管理

智慧旅游背景下，旅游景区的营销管理是指借助信息技术手段，通过对旅游舆情监控和数据分析，对旅游消费者的兴趣点进行挖掘，引导旅游景区推出符合旅游消费者兴趣点和旅游趋势热点的产品和服务，并且制定相应的产品和服务营销策略，推动旅游景区产品和服务营销。具体来说，智慧旅游背景下旅游景区的营销管理创新可划分为以下几种类型。

（一）旅游景区的智慧社交营销管理

智慧社交营销主要依托于旅游景区的微博、微信等社交平台，构建旅游景区微博营销系统和微信营销系统，借助旅游景区官方微博、微信平台向潜在旅游消费者传播旅游产品和服务信息。例如，泰山景区较早时期即打造了"微博、微信"两位一体的智慧社交营销平台，从而推动景区智慧营销的发展。泰山景区在微信公众平台和微博官方社交平台上设立了旅游消费者常见问题的自动回复系统，并有规律地发布旅游产品、服务或旅游景区即将开展的活动，用户只需通过电脑、手机等终端设备进行关注，即可随时接收泰山景区发布的旅游信息。除此之外，泰山景区还借助微信信息和微博平台面向广大公众开展在线直播活动，吸引潜在的旅游消费者进行关注。除了利用景区自有的官方社交平台进行营销外，泰山景区还与专门的旅游平台或媒体联合开展微博促销活动，激发潜在旅游消费者的旅游兴趣。

（二）旅游景区的智慧影视营销管理

影视营销，顾名思义，是指使用影视方法进行的营销。在智慧旅游背景下，旅游景区的智慧影视营销主要为借助微电影、电视节目等形式进行的营销，其中包括微电影营销系统、电视节目营销系统等。例如，青城山——都江堰景区通过与某电视节目进行合作，对旅游景区进行电视营销，不仅对旅游景区进行了提档，还突出了景区的旅游品牌，对旅游景区的产品和服务进行了良好宣传。又如，海南亚龙湾热带天堂森林公园是三亚市第一个森林公园，该景区通过电影对景区美轮美奂的生态景色进行了良好的宣传。除了借助高成本制作的公开电影、电视娱乐节目进行传播之外，旅游景区还可借助现代数字信息技术拍摄旅游景区的宣传片、微电影等，将旅游景区的特色展现出来，并借助景区官方社交宣传平台传播宣传片和微电影，使景区的潜在旅游消费者能够直观地感受到旅游景区之美。

（三）旅游景区的智慧网络营销管理

伴随着互联网信息技术的发展，网络媒体成为最受关注的媒体，是智慧旅游背景下最主要、最受公众欢迎的旅游景区传播模式。旅游景区的智慧网络营销大体可划分为两种类型：景区互联网营销和景区 App 游戏营销。景区互联网营销又可划分为两种类型。一种类型是旅游景区自行开发景区 App、建设景区官方网站、利用景区官方新媒体矩阵进行线上旅游营销。例如，青城山——都江堰景区开发了专门的景区 App，构建了景区官方网站和景区官方新媒体矩阵，定时在线发布旅游景区的产品和服务信息，从而推动旅游景区营销。另一种类型是入驻专门的旅游网站，发布旅游产品和服务，进行在线旅游营销。例如，千岛湖景区将景区原有的"智游宝——智慧旅游公众服务支撑"平台与旅游网站连接起来，借助旅游网站的影响力实现旅游产品和服务营销。景区 App 游戏营销指旅游景区通过开发 3D 虚拟旅游和游戏社区平台的方式推动景区的智慧营销。例如，张家界景区即以张家界风景区为原型开发了多人在线游戏，实现了景区虚拟旅游，在游戏娱乐中对张家界的风光和旅游产品与服务进行了营销。

第二节　智慧旅游背景下的酒店管理

本书所指的智慧旅游背景下的酒店管理不仅指酒店内部管理，还包括酒店服务管理和酒店营销管理。

一、智慧旅游背景下的酒店内部管理

传统酒店的内部管理中存在着冗员现象，酒店管理缺乏创新，无法适应时代的需求。智慧旅游背景下的酒店内部管理主要依靠酒店管理系统平台进行管理，包括前台管理、人力资源管理、财务管理、物资管理、采购管理、智能安防管理等内容。

（一）智慧旅游背景下的酒店前台管理

智慧旅游背景下，酒店的前台管理以大数据、物联网技术等为依托，获得了极大简化。传统的酒店前台管理中多依靠人工管理，例如，旅游消费者到达旅游酒店后的入住、退房手续的办理等均需依靠人工登记和管理。而在智慧旅游背景下，酒店的入住、退房手续的办理等均实现了信息化管理，依靠信息化的酒店前台管理系统和客户管理系统对游客的信息进行登记。其中，酒店前台管理系统包括客户资料管理、预订管理、账户管理、客房管理等功能，酒店前台通过对入住游客身份证明的识别即可自动完成游客的身份登记管理。此外，游客是否为第一次入住、是否提前预订、是否存在定制服务、游客的喜好等均一目了然，便于酒店前台对游客进行针对性管理。酒店的客户关系管理则包含客户的档案管理、客户反馈资料管理等方面，便于酒店及时了解客户的年龄、职业、客房类型、服务要求等，有利于酒店对入住客户进行人群细分，通过客户的兴趣、偏好对客户进行服务和管理。

（二）智慧旅游背景下的酒店人力资源管理

传统的酒店人力资源管理，大多依靠人工考勤和记录员工在岗情况、在岗表现，人工记录酒店客人服务需求和偏好，以及酒店入住客人的手写留言簿对酒店服务人员进行评价。智慧旅游背景下，酒店管理借助物联网、GPS 定位系统以及移动互联网、大数据等技术可以较为便捷地实现酒店人力资源管理。智慧旅游背景下，酒店借助配备了 RFID（射频识别）电子标签的员工工作证等即可借助遍布酒店的感知系统确认员工位置，对员工进行考勤管理，便于管理者随时掌握员工的位置，并对员工进行工作调派。除此之外，酒店入住客人可以借助员工的 RFID（射频识别）电子标签对该员工的服务进行评价，便于酒店掌握该员工的工作状态，收集酒店客人反馈信息并及时对反馈信息进行处理。酒店管理中的智慧人力资源管理可以极大地节省管理成本，并有利于收集酒店入住客户的兴趣和偏好，为客户提供个性化服务，提升客户的入住体验质量。

（三）智慧旅游背景下的酒店财务管理

酒店作为一个以服务为主的独立的企业，以盈利为目标，因此，财务管理是酒店管理的重要组成部分。财务管理涉及酒店管理的方方面面，是酒店管理中最关键的内容之一。传统酒店管理中的收支结算均需依靠人工计算，难免出现遗漏的情况。智慧旅游背景下，酒店财务管理则通过专业的财务管理系统实现了业务数据和财务数据的在线对接，以及财务数据的监控。除此之外，酒店电子财务管理系统还可直接对一段时期内的财务进行统计，形成报表，便于酒店管理人员对酒店的财务经营状况进行随时监控，根据财务报表，做出相应的财务决策。

（四）智慧旅游背景下的酒店物资管理

酒店通过为入住游客提供住宿服务而获得盈利，酒店物资管理主要包括硬件物资、日常用物资等，这些物资是否完备是酒店能否为入住游客提供良好服务的前提。其中包括酒店建筑管理与维护、酒店客用品管理以及员工工作服管理等。酒店的客用品作为易损耗和需清洁用品，在入住游客退房后均需进行统计与清洁。传统酒店管理中的客用品清洁状况往往依赖人工管理。智慧旅游背景下，酒店通过自动识别设备即可对客用品的使用与清洗情况进行实时统计，并且自动查看酒店客用品的使用寿命、日常损耗等，做好酒店客用品的管理工作。

（五）智慧旅游背景下的酒店采购管理

酒店采购管理是指酒店在物资管理的基础上，对损耗的客用品进行及时清理和采购，确保酒店客用品库存。除此之外，酒店采购管理还包括厨房采购、零星物品申购等。传统的酒店采购管理均依靠人工统计，在智慧旅游背景下，酒店采购的商品中均使用电子标签进行标注，通过电子标签，酒店管理者可以较为便捷地掌握酒店物资的出库与入库信息，以及物资的总数量和损耗数量，并据此定期将酒店需采购的物资信息发送至酒店物资供货商处，进行定期物资采购。酒店的智慧采购管理系统可以有效实现对酒店物资的采购和管理，避免在采购管理中出现的遗漏，方便管理者随时对酒店物资的去向进行了解。

（六）智慧旅游背景下的酒店智能安防管理

酒店作为游客的住宿服务提供者，对入住游客的安全承担着重要职责。酒店的安防工作主要包括两个方面，一方面是酒店入住游客的人身财产安全；另一方面是酒店入住游客的住宿安全。在智慧旅游背景下，酒店安装了智能安防系统。该系统主要包括三个方面，一是酒店中贵重物品的安防。一般来说，酒店的贵重物品均存放于固定场所，贵重物品上均嵌入 RFID（射频识别）电子标签，依靠遍布酒店的感知系统对贵重物品的位置进行感知。当贵重物品被私自盗取后，内置电子标签即会触发酒店的报警系统，引起相关部门人员注意，酒店管理者和相关工作人员可通过贵重物品的实时位置找寻贵重物品，防止贵重物品遗失。另一方面则是酒店的火警报警等。借助酒店的智能感应系统，酒店可以实时对酒店的空气温度、湿度等进行监控。除此之外，酒店的智能感应系统还可对酒店的电路进行监控，防止出现电线短路引发火灾的情况。除了以上两个方面，酒店为了保障入住游客的人身财产安全，在酒店各处安装了监控系统，以确保游客的人身和财物安全。

二、智慧旅游背景下的酒店服务管理

酒店以为顾客提供住宿服务为主，从顾客踏入酒店到顾客离开酒店，均属于酒店为顾客服务的时间。智慧旅游背景下的酒店服务管理主要包括以下几个方面。

（一）自助入住服务管理

传统的酒店入住服务中，顾客的信息均需要酒店前台工作人员进行登记，过程烦琐，耗时较长，在酒店顾客入住高峰期，常常导致客户排队等候时间过长，引发酒店顾客的不良体验。智慧旅游背景下的酒店管理中则引进了智能入住系统，通过借助移动手机终端、酒店大厅设备的自助入住系统以及智能机器人等帮助顾客办理入住手续。对旅游消费者来说，他们确定旅游目的地后，只需将身份证信息上传至公安系统，即可通过在线系统进行酒店房间预订。当旅游消费者到达酒店后，无须再进行身份信息录入，可直接通过酒店的识别系统识别信息后直接办理入住，不需再到前台排队办理入住。如果旅游消费者事先并未办理线上或电话预约，在到达酒店后，既可选择通过前台人员办理入住手续，也可自行通过酒店大堂设置的自助终端系统自助办理入住手续。在自助办理入住时，旅游消费者可以自行选择房间的大小、朝向等，挑选满意的房间。当旅游消费者退房时，只需通过前台的刷脸设备完成退房即可，极大地简化了退房流程。酒店的智能入住系统还能对酒店用户进行自动统计、自动识别，上传客户数据，显示剩余房间数量，便于酒店管理者和相关工作人员做出决策。旅游消费者缴纳入住押金或房款时，可借助在线支付、酒店自助支付系统进行在线或扫码支付，避免了传统酒店支付时找零换零的麻烦。由此可见，智慧旅游背景下酒店的自助入住服务管理，极大地满足了旅游消费者快速入住的需求，也为酒店缩减了人工成本，提高了酒店服务效率以及旅游消费者的满意度。

（二）智能导引服务管理

酒店作为专门为旅游消费者提供住宿的专业场所，内部构造复杂，房间较多。以旅游酒店为例，在传统酒店的导引服务中，旅游消费者在酒店办理入住手续后，常常需要专门的服务人员进行引导，旅游消费者才能进入房间。智慧旅游背景下的智慧酒店的智能导引服务，则可借助智能导引系统，帮助旅游消费者实现智能入住。旅游消费者通过自助入住服务办理入住手续后，即会获得一张带有 RFID（射频识别）技术的房间卡。当旅游消费者进入电梯后，房卡即会自动识别旅游消费者的房间信息，自动升降到达旅游消费者房间所处的楼层；当旅游消费者走出电梯后，该楼层的自动感应系统即会自动感应旅游消费者的房卡信息，通过智能语音系统引导旅游消费者顺利找到房间。除此之外，酒店的智能导引系统还能连接酒店的各个功能区域，为旅游消费者提供相应的导引服务，引导旅游消费者在酒店内顺利到达娱乐功能区、餐厅、会议室等，顺利进行就餐或娱乐活动、参加会议等。例如，旅游消费者产生就餐意愿时，可借助房卡的引导顺利到达餐厅，并使用自助点餐系统进行点餐。

（三）智慧客房服务管理

酒店作为为客户提供住宿服务的场所，客房内部的服务十分关键，直接关系着客户的入住体验，可谓客户临时的家。因此，智慧客房服务管理是酒店服务管理的关键，具体包括智能房卡系统、智能门禁系统、互动服务电视系统、客房智能手机管理。

1. 智能房卡系统

智慧酒店管理中，客户办理入住手续正式入住酒店后，就可以取得一张嵌有 RFID（射频识别）的房卡，该房卡能够在酒店范围内被遍布酒店的识别系统自动识别。以旅游酒店为例，旅游酒店的房卡不仅具有自动识别旅游消费者的登记房间的功能，还具有传统的开门取电的功能，是旅游消费者在酒店内的身份识别卡。当旅游消费者进入客房时，客房内的智能家具感应到智能房卡后会自动开启迎宾模式，点亮室内电灯，关闭电动窗户，通过智能音箱播放欢迎旅游消费者入住的欢迎语。旅游消费可以借助室内的智能音箱对室内的灯光、窗帘、空调、电视等进行控制，为旅游消费者提供高质量的智能化入住体验。

旅游消费者随身携带房卡，即会被酒店内部的感应系统自动识别身份，从而将旅游消费者的身份信息传达给其遇到的酒店员工，使酒店员工对其身份进行识别。当旅游消费者在酒店中提出诸如就餐、娱乐、服务等需求时，其需求会被即刻识别，并迅速获得回应。除此之外，智慧酒店的智能房卡系统还可以作为旅游消费者的会员卡、贵宾卡、优惠卡、就餐卡等，旅游消费者在酒店内部的任何花费都记录在智能房卡上。因此，旅游消费者仅凭一张房卡，就可以实现就餐、娱乐、停车、会议等各种功能。除此之外，智能房卡还能够记录旅游消费者在酒店的任何消费和兴趣、偏好，从而为旅游消费者提供个性化和人性化的服务。针对高级客户，酒店为其提供的房卡采用了射频技术，能够为其提供严密的跟踪和保卫工作。

2. 智能门禁系统

酒店作为旅客临时的住所，是旅客临时的家，需要为旅客提供贴心的、人性化的、安全的服务，使旅客宾至如归。为了保障旅客的安全，酒店设置了多重保障。其中，门禁系统即是酒店为旅客设置的保障之一。以旅游酒店为例。旅游消费者入住酒店后，所在的房间即属于旅游消费者的专属房间，没有旅游消费者的允许，其他人或酒店工作人员均不能打扰。传统的酒店门禁系统为猫眼，当旅游消费者在酒店住宿时，如果有人来访，那么旅游消费者就必须走到门禁处，通过猫眼识别客人，然后再决定见与不见，以及以什么形象会见客人。然而如果来客故意遮挡猫眼，那么，旅游消费者就无法识别客人。而在智慧酒店中，安装了智能门禁系统，旅游消费者在酒店住宿时，如果有人来访，不必专程走到门禁处查看，来访客人的信息会通过酒店安装的摄像头采集客人的信息，并将客人的样貌自动连接到房间内的电视上，通过电视画面显示来访者的信息，从而使旅游消费者在第一时间就获得来访者的信息并决定是否会面，避免可能的尴尬情形，增强旅游消费者的安全感与舒适感，提升旅游消费者的个性化体验。

3. 互动服务电视系统

在传统的酒店服务管理中，客房内的电视仅供旅客娱乐观看，而在智慧旅游背景下，智慧酒店的电视被接入酒店的智能系统，不仅可以观看电视节目，还可以查阅与旅程相关的事宜。以旅游酒店为例。旅游消费者在智慧旅游酒店的客房内，不仅可以借助电视观看电视节目，还能够借助房间内的智能音箱自动点播电视节目、播放音乐，查询所在城市的旅游信息、天气情况以及火车站时刻表、机场航班时刻表等，便于旅游消费者合理安排出行时间。除此之外，旅游消费者通过智能互动电视系统还可以自动连接酒店的各个功能场所，例如，酒店餐厅，方便进行智能点餐服务。互动服务电视系统能够提供多国语言，根据旅游消费者的国籍而选择不同的语言，为旅游消费者提供贴心服务。

4. 客房智能手机管理

智慧旅游发展中应用了多种互联网核心技术，这些技术多连接至智能手机、电脑、平板等智能设备，以实现智慧管理。以旅游酒店为例，旅游消费者入住酒店时，酒店均为旅游消费者准备了一部智能手机。这部智能手机的电话号码一般为消费者所在客房的电话，可以实现全球漫游，以及免费接打电话，为出行在外的旅游消费者提供了极大便利。例如，东京半岛酒店的智慧电话可以根据旅游消费者的国别设置相应的智能手机界面和语言显示。当旅游消费者在酒店房间内接电话时，不需自动调整电视或音乐、广播等终端设备的音量，房间内部的其他多媒体设备均会自动降低音量，方便消费者接听电话。除此之外，旅游消费者外出旅游时，携带酒店的智慧电话，可以随时通过该电话与酒店员工取得联系，以帮助旅游消费者处理各种突发事件。即便旅游消费者在进行旅游参观时迷路，酒店员工也可借助智慧电话确定旅游消费者的位置，帮助旅游消费者找到正确的道路。即使旅游消费者身处异地，也能产生较强的安全感。

（四）智慧酒店其他服务管理

除了以上内容外，在智慧旅游背景下，智慧酒店的点餐和会议系统也进行了智慧化管理。酒店除了为旅客提供住宿外，还为旅客提供餐饮服务。传统酒店的餐厅，要么直接为旅客提供自助餐，要么为旅客提供传统点餐服务，即服务员手持菜单请旅客进行点餐，并记录下旅客所点菜单，根据菜单通知厨房准备，旅客就餐完毕后，餐厅开设相关票据，作为旅客的消费凭证。智慧酒店的点餐系统则大大简化了点餐流程。以旅游酒店为例。智慧酒店的点餐系统将根据旅游消费者常住地的餐饮特色和旅游消费者的个人口味，为旅游消费者提供合乎口味的菜肴以及旅游目的地的特色菜肴供旅游消费者选择。旅游消费者可以在智能点餐终端或桌面点菜系统直接点餐，除了智能系统推荐的菜单之外，旅游消费者还可以自主浏览其他菜单，并在智能终端进行点餐。而智能点餐系统不仅可以通过图片直接观看菜肴成品，还可以清楚地了解食物的成分，方便旅游消费者搭配点餐。当旅游消费者点餐结束并确认点餐信息后，智能点餐系统可以将菜单直接发送至厨房，厨房收到菜单后即会准备饭菜，同时将旅游消费者的菜单传递至收银系统，为旅游消费者自动打印菜单收据，为旅游消费者提供人性化、体贴入微的便利点餐服务。

除了智能点餐系统，智能会议系统也是智慧旅游背景下智慧酒店服务管理的重要组成部分。近年来，随着旅游进行大众化时代，旅游的目的逐渐呈现多元化，包括休闲娱乐目的、会议目的、学术目的等类型。对于酒店来说，承办商务会议和其他大型会议的能力通常被作为现代酒店的重要能力之一，是酒店的主要营利点。对智慧酒店来说，智能会议系统的构建是其不可或缺的智能服务之一。一般来说，智慧酒店的智能会议系统可以将会议厅划分为宴会多功能厅和专业多功能厅两个部分。其中，宴会多功能厅一般用来举办重要的餐饮招待会、国际会餐、音乐招待会、新闻发布会等，因此，宴会多功能厅的智能会议系统多侧重于声光像系统的构建。专业多功能厅则主要用来承办学术交流会议、技术培训会议、产品介绍会议、新闻发布会以及重要的国际交流会议等。因此，专业多功能厅的智能会议系统需要具备良好的无线通信网络系统、会议自动签到系统、数字会议系统、投影系统、多媒体通道系统、远程会议系统、中控系统、灯控系统等。

除此之外，智慧旅游背景下智慧酒店的智能服务系统还应构建先进的网络服务系统，以便对智慧酒店的智能系统进行支撑与管理。

三、智慧旅游背景下的酒店营销管理

酒店营销管理是酒店管理最重要的组成部分，也是酒店能否获得盈利的关键。传统的酒店营销多是一种人与人、面对面进行的沟通与营销。大众传播时代，酒店营销虽然借助大众媒体手段进行传播，然而，在实践中，仍然以销售经理和前台员工面对面的说服工作为主。例如，在传统酒店营销中，前台员工在旅客咨询过程中，大多通过赢得旅客的信任从而做出预订酒店房间以及升级酒店房间的决定。除了面对面营销之外，传统酒店在营销工作时常使用电话预订和传真预订的方式。智慧旅游背景下，酒店的营销管理中使用了多种互联网、物联网技术，其中，包括旅游平台的第三方网站预订、酒店官方互联网和新媒体平台的预订等。本书主要以旅游酒店为例，对智慧酒店的官方网站平台、智慧酒店的新媒体平台、智慧酒店的 App 平台营销管理进行详细分析。

（一）智慧酒店的官方网站平台营销管理

官方网站平台是智慧酒店营销的主要平台，官方网站平台的营销管理可以帮助酒店树立品牌和形象，进行跨地域、及时传播，酒店可随时发布活动信息，以吸引旅客。除此之外，智慧酒店的官方网站平台还能够增强智慧酒店系统内外信息的互通互连，以及沟通与交流。智慧酒店进行官方网站平台营销管理时应注重以下几个原则。

（1）品牌原则，是指智慧酒店的官方网站在建设时，应在网站界面上突出智慧酒店的品牌优势，塑造智慧酒店网络品牌的个性化形象，使旅客或大众进入智慧酒店的官方网站平台后，能够直观地感受到酒店的品牌化与个性化形象，以利于酒店形象和品牌的树立。在酒店网站中，还应设置专门的预订途径或窗口，以便于打开酒店官方网站的用户或潜在客户能够快捷而便利地进行酒店预订，从而培养酒店的忠实客户群体。

（2）商业原则，是指智慧酒店的官方网站在建设和运行中，应将官方网站作为酒店对外宣传的窗口，为酒店的潜在客户和员工进行服务，以便于酒店客户与酒店员工进行畅通无阻的沟通，同时，为酒店潜在客户建立完善的服务体系，以便为酒店的经营决策服务。智慧酒店的网站应该从客户需求角度出发，方便客户在线预订房间，明确客户的姓名、身份信息，所需房间信息以及预订天数和住宿日期，有效联系方式，便于酒店相关服务人员与用户取得联系，确认预订信息。除此之外，智慧酒店的官方网站通常还设置了专门的服务评价栏目，方便酒店用户对酒店的服务进行反馈和评价，以便酒店及时了解服务中的不足，对服务质量进行改进，便于提升酒店品牌形象，收集用户反馈意见。酒店官方网站上还设置了专门的交际软件，便于用户与酒店员工之间进行直接沟通与互动，方便酒店了解用户的具体需求，并根据相关原则引导用户进行酒店预订。

（3）经济原则，是指智慧酒店的官方网站在建设时应充分考虑酒店的类型和目标用户群体，满足目标用户群体的多种需求，同时兼顾网站建设成本与运行成本，确保网站具有良好的可调节性和可开放性，以适应网站的发展。除此之外，为了节省智慧酒店官方网站的运营成本，提升网站的信息传播效率，网站的后台管理平台需对酒店管理人员授权，允许酒店网站管理人员对网站上绝大部分内容进行更新和修改，以便保持酒店官方网站的信息及时更新，便于潜在用户通过酒店在线网站了解酒店的动态信息。

（4）扩充原则，是指智慧酒店的官方网站在建设时应具备较强的扩充性能。具体来说，即智慧酒店的官方网站的前台页面设计能够确保网站的既有栏目可以实现扩充，即使扩充后也不会影响到前台页面的美观程度；网站后台页面具有较高的自主性，可供酒店网站管理人员根据不同时期酒店宣传的需求，进行栏目的增加、删减以及修改，确保网站信息传播的即时性和有效性。

（二）智慧酒店的新媒体平台营销管理

近年来，随着新媒体技术的发展，新媒体技术被广泛用于智慧酒店的新媒体平台的营销管理方面。酒店新媒体营销需要借助酒店的微博、微信等新媒体品牌实现对用户意见和建议的收集，酒店品牌和形象的建立，酒店的产品研发和传播渠道以及与用户进行近距离交流与合作，充分整合各类营销资源，达到以小博大、以轻博重的营销效果。智慧酒店的新媒体平台主要包括酒店官方微博平台和酒店官方微信平台。酒店官方微博平台具有较强的开放性，作为酒店营销管理渠道，具有立体化、高速、便捷、广泛的特点。其中，微博平台的立体化营销特点，是指微博营销可以借助包括文字、图片、视频等多种形式对酒店的产品和服务进行描述，从而使得酒店的潜在用户能够直观、形象地了解酒店的产品和服务。微博平台的高速营销特点是指微博获得的关注度较高，由于微博平台具有开放性，因此，酒店微博的关注用户可以无限增加。当酒店发布信息时，可以直接传播至关注用户，除了关注用户外，其他未关注酒店信息的微博用户进行信息浏览时，也可接收酒店发布的信息。而微博平台还具有较强的互动转化功能，酒店官方微博所发布的新信息经过转发互动，即可在短时间内到达世界的各个角落，呈现出高速传播的特点。酒店官方微博平台的便捷性则主要指酒店官方平台的建设和维护无须借助第三方机构，所发布的信息内容只需经过平台审核，操作简便，只需酒店相关管理人员进行信息发布与维护即可，极大地节约了酒店的营销费用与时间成本。酒店官方微博平台营销的广泛性是指酒店微博官方营销可以借助大 V 转发，引发粉丝关注和转发，从而形成广泛传播，使酒店发布的产品、服务或活动信息能够在短时间内成为社会关注的热点，从而引发酒店潜在用户的关注，树立酒店品牌形象。借助酒店微博平台，酒店可以实现有效传播酒店品牌和形象；树立酒店的行业影响力和号召力；提高产品的曝光率，增强市场推广力度；为酒店目标用户提供精准化服务；维护酒店的形象和口碑，当酒店遇到危机时及时进行危机管理。

微信平台是智慧酒店新媒体营销的重要渠道，微信营销是伴随着微信平台兴起的一种新媒体营销方式。微信营销具有高到达率、高曝光率、高便利性和高接受率的特点。其中，高到达率是指微信营销一般借助微信公众账号进行传播。微信平台不同于微博平台的开放性，只有关注酒店微信公众账号的人群才能接受酒店微信公众账号发布的信息，因而具有高到达率的特点。高曝光率是指微信平台属于即时通信平台，当酒店官方微信公众账号发布信息时，会通过铃声、通知中心消息停驻、星标等方式及时提供用户，使用户能够即刻获知通知，查阅相关信息。从这一角度来看，微信营销具有高曝光率的特点。高便利性是指酒店微信公众账号发布的消息，订阅者既可以在手机终端接收消息，也可以在电脑终端接受消息，极大地增强了酒店营销的便利性。

（三）智慧酒店的 App 平台营销管理

智慧酒店 App 营销既可以在用户的手机端下载，也可以在用户的电脑端下载。一般来说，智慧酒店 App 的下载者通常是酒店较为忠实的用户，较为认可酒店的品牌。除此之外，在酒店所有的移动营销渠道中，智慧酒店 App 是连接线上线下的天然枢纽，也是品牌与客户之间形成消费关系的重要渠道。与其他营销渠道相比，智慧酒店 App 具有诸多优点。

1. 智慧酒店 App 营销方式成本低

智慧酒店 App 的开发费用与大众营销方式中的电视营销和报纸以及广播营销手段相比，开发成本较低，然而，其营销效果则具有较强的立体性。智慧酒店 App 既能够塑造酒店的品牌形象，也能够及时发布酒店的活动信息，还能够与潜在用户进行良好的沟通与互动，为潜在用户提供良好的专属、丰富的服务。

2. 智慧酒店 App 营销的持续性强

智慧酒店 App 营销与大众媒体传播营销不同。一般来说，大众媒体传播均具有一定的时效性，在酒店与大众媒体的合作期，大众媒体会在特定时段、版面等定期定量播放或刊登酒店的广告信息，进行宣传和营销。而一旦合作期结束，大众媒体即会终止播放酒店广告信息。智慧酒店 App 作为酒店自行开发的程序，一旦被用户下载到手机上，那么，即会引导用户持续使用。从这一角度来看，智慧酒店 App 的营销具有持续性强的特点。

3. 智慧酒店 App 具有精准营销的特点

智慧酒店 App 是酒店自行开发的智能程序，不仅能够向潜在用户进行产品和服务宣传与推广，还能够自动收集用户信息，借助先进的数据库系统以及大数据技术对用户进行细分，并且针对不同用户人群长期向其推送符合用户兴趣、爱好和个性的产品，从而起到维护用户的作用。通过满足客户的个性化需求，建立忠实稳定的酒店顾客群，从而推动酒店业务持续稳定高速发展。

4. 智慧酒店 App 具有提升酒店品牌实力的特点

智慧酒店 App 能够借助文字、图片、视频等手段全面展现酒店的产品和服务，以便客户详细了解产品的魅力，从而激发潜在客户的购买欲望。智慧酒店 App 还能够提升企业的品牌形象，塑造良好的酒店品牌，不断提升酒店的产品和服务水平，提升品牌实力。而良好的品牌实力是酒店的无形资产，只有不断地提升酒店品牌实力，才能形成酒店的核心竞争力。

5. 智慧酒店 App 具有随时服务、网上订购的特点

智慧酒店 App 能够为消费者提供线上产品和服务，还能够为消费者提供互动服务，了解消费者的好恶、格调与品位，以及消费者喜爱的酒店房间样式，从而为消费者提供符合其喜好的产品和服务。除此之外，智慧酒店 App 还具有网上订购的功能，可以为消费者提供在线订购服务，以便消费者在线查阅和订购产品。智慧酒店 App 作为酒店的专属 App，还能够为消费者提供良好的售后服务，消费者订购酒店服务后，在消费前、消费中和消费后均可与酒店相关工作人员进行在线沟通，确保服务质量。

综上所述，智慧酒店的营销管理是智慧酒店管理中不可或缺的重要组成部分，直接关系着酒店的品牌形象塑造以及产品和服务的宣传推广力度。在智慧旅游的背景下，应不断加强智慧酒店营销管理，积极拓展营销渠道。只有这样，才能使酒店在激烈的竞争中脱颖而出，从而推动酒店的发展。

第三节　智慧旅游背景下的旅行社管理

旅行社是旅游产业链的重要组成部分，在传统旅游背景下，旅行社是旅游活动的关键环节。智慧旅游背景下，旅行社不再是旅游活动中的唯一中介，面临着诸多竞争，因此，智慧旅游背景下的旅行社管理十分重要。

一、旅行社在智慧旅游背景下面临的挑战

在传统的旅游活动中，旅行社作为旅游活动的中介，是旅游产品和服务资源的打包者，将旅游地产品和服务与旅游交通、旅游住宿、旅游餐饮等产品组合起来，形成完整的旅游路线，投放至市场。传统旅游时代，由于旅行社主导着整个旅游市场，因此，旅行社仅仅依靠简单的旅游产品和旅游资源打包就可以赢得消费者。智慧旅游时代，随着现代互联网信息技术的成熟与发展，各种智慧旅游平台纷纷崛起，越来越多的公众开始借助网络旅游平台选择旅游产品和服务。与此同时，随着大众旅游时代的到来，个性化旅游越来越受到公众的欢迎。公众不再满足于旅行社提供的单一化的、传统的旅游产品和服务，对旅游产品和服务提出了更多要求。传统旅行社在智慧旅游背景下面临着多种挑战。

（一）个性旅游时代的挑战

近年来，随着我国社会经济的发展，我国人民的生活水平得到较大提高，越来越多的人开始将旅游作为日常休闲的主要活动。旅游的目的越来越多样化，促进了旅游行业的较快发展。现阶段，中国旅游已进入大众化阶段，从生活的奢侈品逐渐演变为生活的必需品。随着旅游在公众生活中地位的变化，人们出游的频率越来越高。传统的旅行社组织的大众化的旅游已无法满足公众追求独特旅游体验的要求。越来越多的公众在选择旅游活动时，开始朝着个性化、自助化和私人定制方向发展。此外，随着现代互联网信息技术的发展与应用范畴越来越大，人们已逐渐接受在计划旅游活动时查阅或登录专业的旅游网站，从而对传统旅行社产生较大的挑战。

除此之外，传统旅游时代，旅游消费者和旅游目的地之间存在着较强的行业壁垒，双方均需经过旅行社才能建立起合作关系。而随着信息时代的到来，传统旅游消费者和旅游目的地之间的行业壁垒被打破，旅游产品和服务开始朝着公开化和透明化的方向发展。旅游消费者不再依靠旅行社，而通过第三方平台、旅游景区官方网站、官方新媒体平台或官方 App 程序均能够预订理想的旅游产品和服务。确定旅游目的地后，旅游消费者还可以借助交通、住宿、餐饮等各个线上平台，自行预订相应的产品和服务，从而将旅行社等中介机构完全抛开。

从传统旅行社自身来说，在大众旅游时代，当旅游消费者的个性化旅游需求越来越突出时，旅行社的旅游产品呈现出单一、无新意的特点。传统旅行社开发的旅游线路多以旅行社的利益为中心，较少考虑旅游消费者的感受。甚至有的旅行社开发了一条旅游线路后，就一直沿用该条线路，较少对线路进行调整，从而导致旅行社旅游产品和服务单一。还有的旅行社所开发的旅游产品多为走马观花式的观光旅游，适合将旅游活动作为休闲娱乐的公众。而近年来，随着学术旅游、会议旅游、探亲旅游等旅游目的的多样化，走马观花式的旅游不再适用于所有旅游人群。随着人们个性化和人性化的张扬，人们更加注重对旅游目的地深层次文化的体验，走马观花式的旅游由于缺乏人性化和个性化不再被人们所需要，导致旅行社面临着巨大挑战。

（二）网络信息时代的旅行社挑战

近年来，随着智慧旅行时代的到来，旅行社在旅游消费者和旅游供应商之间起着不可忽视的、独一无二的作用。当旅游消费者产生旅游意愿后，必须借助旅行社才能了解旅游供应商的产品和服务。然而，随着网络信息时代的到来，旅游供应商纷纷开设网站在线展示旅游产品和服务，旅行社不再是唯一的旅游产品和服务的掌握者。除此之外，旅行社低价团和强制购物现象十分突出，自《中华人民共和国旅游法》出台后，旅行社的一些不良行业风气得到了有效遏制，然而依然存在着旅行社工作人员素质低下、服务意识较弱的特点。例如，一些旅行社在旅游旺季为了承接更多的团体游订单而使用大量兼职导游。由于兼职导游的服务意识较弱，导致旅行社组织的旅游团的质量较难保障，从而严重影响旅游消费者的旅游服务体验质量，进而影响旅行社的口碑，以及旅游消费者的重复购买率。除此之外，旅行社内部缺乏严格规范和有效管理，从而对旅行社产生不良影响。

（三）旅行社创新意识不足

传统旅行社的经营思路为对旅游产品和服务进行简单包装和组合，并对这些产品和服务进行重新排列组合，从而形成全新的旅游线路，并将其售卖给旅游消费者，从中赚取差价。从这一行为的本质来看，旅行社并非旅游产品和服务的供应商，只是旅游活动的代理商。随着智慧旅游时代的到来，旅游目的地景区和旅游供应商不再依赖旅行社，凭借第三方服务平台或自身的力量即可与旅游消费者直接展开对话和交易。因此，旅游目的地和旅游供应商相应地减少了与旅行社的合作，大大降低了对旅行社的依赖性。

现阶段，我国旅行社的营销对象主要为团体旅游消费者和散客旅游消费者，旅行社销售的产品主要依靠门店完成。然而，旅行社的销售方式则相对单一，营销手段较为落后，大多只注重门店营销，不重视线上销售。一些旅行社虽然顺应网络信息化的趋势构建了官方网站，然而却并不重视在线销售。官方网站上设置的实时社交软件并没有发挥其真正作用，不能为旅游消费者提供实时服务，面对旅游消费者的个性化旅游需求，也不会为旅游消费者进行路线推荐。当旅游消费者对旅行社在线发布的某个旅游线路感兴趣并准备下单时，旅行社的在线网络收费系统往往又十分烦琐，不利于旅游消费者的引导消费和支付行为。旅行社的这种传统的、缺乏主动性的营销状况，不利于在激烈的市场竞争中生存与发展。

综上所述，传统旅行社在智慧旅游背景下面临着种种挑战与不足的真实情况，明确了智慧旅行社发展面临的挑战，即可对智慧旅行社的管理内容进行规划。

二、智慧旅行社管理的内容

智慧旅行社的管理内容主要包括构建旅行社网站及其他电子商务平台建设和服务管理、强化网络营销管理、提升旅行社的产品与服务管理、完善售后服务机制管理、挖掘潜在销售市场管理等内容。

（一）构建旅行社网站及其他电子商务平台建设和服务管理

在现代信息化社会，网站建设和电子商务平台建设必不可少。在智慧旅游背景下，旅行社网站成为旅行社信息传播的主要窗口，能够进行多方面信息沟通与传播，还可以树立旅行社品牌形象，成为旅行社与旅游消费者沟通与交流的主要平台与渠道。旅行社的网站建设应注意从旅游消费者的角度出发，网站前台画面主题鲜明，图文并茂，吸引力强，功能设置合理，网站所传播的信息准确详细，能够为旅游消费者提供即时在线互动服务，便于旅游消费者了解和收集旅游消费者的信息，对旅游消费者进行细分，针对不同群体的旅游消费者推出适合的产品与服务。除了旅行社官方网站之外，旅行社还需做好其他电子商务平台的建设与服务管理，其中包括新媒体服务平台管理。例如，旅行社官方微博平台建设、旅行社官方微信平台建设、旅行社 App 程序开发与服务管理等。随着电子商务技术的发展，旅游消费者和旅游供应商之间的联系越来越紧密，线下旅行社门店服务已不能适应现阶段旅行社的发展趋势。旅行社必须构建完善的电子商务平台，加强在线旅游服务，完善在线旅游信息的搜索、旅游产品和服务推荐以及在线支付渠道和方式，为旅游消费者提供快捷、方便和安全的交易平台服务。唯其如此，才能吸引旅游消费者，推动旅行社的现代化发展。

（二）强化网络营销管理

近年来，随着我国网民数量的不断增多，尤其是大众旅游时代，年轻旅游群体的崛起，网络营销在旅游营销管理中发挥的作用越来越大。旅行社要吸引年轻旅游群体必须加强在线营销管理，突出在线营销方式，转变传统营销方式。具体来说，旅行社一方面应借助各种类型的线上网络传播平台传播产品与服务；另一方面则应借助旅行社自行开发和构建的官方网站、官方微信和微博平台以及官方 App 做好在线网络营销服务。旅行社的在线旅行服务，应明确旅行社官方网站或官方新媒体平台以及官方 App 的定位，确定营销管理理念和模式，并且制订较为完善的营销方案。除此之外，旅行社的网络营销管理还应创新电子商务平台传播模式，开展在线 O2O 模式，整合渠道资源和产品资源，从而形成从旅游批发经营到零售代理的垂直服务旅游品牌，与旅游景区、旅游交通、旅游酒店等旅游产品和服务供应商通力合作，构建多渠道营销模式。

（三）提升旅行社的产品与服务管理

在互联网信息时代，传统的旅行社产品和服务已不适应大众旅游时代消费人群的需要，为此，旅行社应从创新产品形态，开发具有个性化的产品，树立鲜明的旅行社品牌形象以及提升导游人员素质等方面，加强旅行社产品与服务管理。

1. 创新产品形态，开发具有个性化的产品

传统旅行社的产品类型单一，很难满足大众旅游时代旅游消费者的个性化产品需求。而随着互联网信息技术的发展，在线旅游网站平台的崛起，以及新媒体技术的发展，传统旅行社面临的竞争压力越来越大。为了在激烈的市场竞争中脱颖而出，旅行社必须创新产品形态，开发具有个性化的产品，为不同的细分人群服务。而旅游产品和服务的创新必须建立在满足旅游消费者的需要方面。智慧旅游背景下，旅游市场的信息壁垒被打破，旅游信息越来越趋于公开透明，因此，旅行社要获得旅游消费者的青睐，必须坚持人性化和个性化原

则，为旅游消费者提供人性化和个性化服务，满足不同消费人群的消费需求，以优质的服务质量吸引旅游消费者。除此之外，旅行社还应培养和构建专属产品，设计和创新团队，开发新路线和新服务。唯其如此，才能在竞争激烈的旅游市场中建立专属客户群，提高旅游消费者的忠诚度。

2. 树立鲜明的旅行社品牌形象

鲜明的品牌形象是一个企业区别于同类型企业的标志。旅行社在提升产品和服务管理中，除了创新产品形态、开发具有个性化的产品外，还应树立鲜明的企业品牌形象。具体来说，旅行社应找准自己的市场定位，并在明确市场定位的前提下，提炼旅行社的口号，吸引旅游消费者的注意。具体来说，旅行社可借助大众媒体、官方网站、官方新媒体平台以及官方 App 等树立和提升品牌形象，也可借助品牌 LOGO、宣传语等提升旅行社的整体品牌形象。良好而鲜明的品牌形象能够在五花八门的旅行社品牌中吸引旅游消费者，促使旅游消费者了解旅行社的产品，激发旅游消费者或潜在客户的旅游动机，进而推动旅游消费者旅游决策行为的产生。

3. 提升导游人员素质

传统旅行社的导游人员素质参差不齐，极大地影响了旅行社的形象，为旅游消费者带来不良的旅游体验。而导游作为旅行社的主要工作人员，往往起着旅行社代言人的重要作用。导游的一言一行均关系着旅行社的形象。近年来，随着智慧旅游的发展，大众旅游时代到来，旅游消费者的数量激增，许多旅行社的从业人员也相应大幅增加。然而，由于导游的职业门槛较低，人员素质较难把控，而许多传统旅行社导游没有基本工资，其收入依靠带团和回扣，因此，旅行社导游屡次出现导游强迫旅游消费者购物的现象，而对于导游的本职工作，旅行游览讲解则并不看重，由此引发旅游消费者的不满。对此，旅行社应从导游人员素质出发，不断增强导游人员的业务能力，培养高级导游，以便为旅游消费者提供有针对性的、个性化的服务。除此之外，旅行社还应加强导游人员的薪酬管理，改变传统导游人员的薪酬设置，为导游服务人员提供优厚待遇，并且加强导游团体的培养力度，严格把控服务人员的素质水平，以提升旅行社的核心竞争力。

（四）完善售后服务机制管理

旅游活动是一项十分复杂的社会活动，涉及旅游前、旅游中和旅游后多个环节。在旅游活动中，旅行社不仅应加强旅游产品和服务的前期和中期管理，还应完善售后服务机制管理，主要包括以下两个方面。

1. 重视顾客的反馈信息

智慧旅游背景下，旅游消费者在进行旅游活动后，可以自由在线发表旅游体验和感悟，并对旅行社、旅游景区和旅游交通、餐饮与住宿等旅游产品和服务进行评价。这种旅游消费者的评价中暗含着丰富的旅游信息反馈。旅行社应当重视旅游消费者的信息反馈，通过旅游消费者的信息反馈发现旅游产品和服务的不足，并对旅游产品和服务进行完善，以便不断提升旅游消费者的体验质量，提升旅行社品牌形象，不断推动旅行社的发展。除此之外，互联网信息时代，旅游消费者在网络上对一条旅游线路、旅游产品的评价通常能够影响一大批旅游消费者的旅游实践，还会直接对旅行社的品牌形象产生影响。因此，智慧旅游背景下，旅行社应重视顾客的反馈信息。当旅游消费者结束旅游行程后，旅行社可以通过电话采访、产品在线评价等方式及时对旅游消费者进行调查，了解旅游产品或服务的优缺点，以便进行有针对性的改进。而旅行社主动倾听旅游消费者反馈的做法也会提升旅游消费者的服务体验，提高旅游消费者客户满意度。

2. 建立完善的售后服务部门

在传统旅行社管理中，对旅游消费者的投诉重视程度不高，常常导致旅游消费者结束旅游行程后，想要投诉却发现投诉无门；或者有的旅行社虽然设置了一定的投诉渠道，然而旅游消费者投诉后，却长时间得不到反馈，从而影响旅游消费者的旅游体验，增强旅游消费者对旅行社的不满情绪，影响旅行社良好形象的树立。在智慧旅游发展的背景下，旅行社的售后管理是旅行社最重要的管理内容之一。鉴于旅游售后服务部门的重要性，智慧旅游时代，旅行社应不断完善售后管理和服务部门。建立专门的旅游售后部门，解决旅游消费者在旅游过程中遇到的各种问题，便于旅游消费者对旅行社传统固有印象的改变，不断推动旅行社的品牌形象建设。由此可见，智慧旅游时代，旅行社应进一步加强售后服务管理，不断培养旅游企业人才，为旅游消费者提供人性化和个性化服务。

（五）挖掘潜在销售市场管理

拓展旅游销售市场是旅游企业管理的重要途径，对旅行社来说，在智慧旅游背景下，不能再单纯依靠线下门店销售，而是应当建立完善的市场开拓系统，不断创新市场机制，拓展消费市场。具体来说，智慧旅游时代挖掘潜在旅游销售市场，加强旅行社市场管理，应从以下几个方面入手。

1. 完善旅游消费者信息管理系统

智慧旅游时代，旅游企业对旅游消费者的信息维护与管理越来越重视。尤其是随着大众旅游时代的到来，旅游成为人民大众的一种普遍休闲需求。尤其是随着新一代年轻旅游消费者群体的崛起，公众的旅游频次、旅游类型逐渐增多。甚至有的旅游消费者形成了定期旅游的习惯。为了更好地为旅游消费者服务，提高旅游消费者服务的精准度，旅游企业，尤其是旅行社应当不断完善旅游消费者的信息管理系统。借助大数据、云计算等技术手段，不断对旅游消费群体的消费数据、基本信息进行分析，并且针对旅游消费者的旅游偏好进行有针对性的分析，从而对旅游消费群体进行细分，锁定旅行社的目标人群，针对目标人群开发旅游产品和服务，不断提升旅游消费者的满意度和忠诚度，为旅游消费者提供独具特色的人性化服务。

2. 重视对旅游消费者的定期维护

单纯地完善旅游消费者的信息管理系统，只是对旅游消费者进行维护的第一步，除此之外，旅行社还应针对旅游消费者人群进行定期维护。在对旅游消费者人群进行细分的基础上，针对不同需求的消费者进行定期回访。具体的回访方式为电话回访或社交软件回访。回访的目的一方面是为了提升旅行社的售后服务质量，另一方面，则是发现旅游消费者的新的旅游需求。当发现旅游消费者有了新的旅游需求后，再根据旅游消费者的兴趣、爱好以及旅游消费者的具体需求为其推荐和规划新的旅游产品和旅游路线。这种精准沟通有效降低了旅行社的沟通成本，同时也有利于塑造良好的企业形象，在旅游消费者群体中形成良好的口碑，便于旅游消费者市场的进一步开拓。

3. 开发针对旅游散户或小众化的旅游产品

传统旅游时代，旅行社所承办的旅游项目多为团体游项目，尽管也承接小众项目，但是数量相对较少。智慧旅游的兴起和发展改变了传统的旅游形态，团体游不再是旅游消费者的唯一选择，相反，随着社会交通的发达，自驾游和小众游越来越成为年轻旅游消费者所青睐的旅游方式。为了吸引小众游旅游消费者的注意，旅行社除了组织较大规模的团体游项目外，还应针对散客和小众旅游消费群体开发旅游产品和服务，不断提升旅游散户和小众化旅游项目的质量，提高旅游消费者的旅游体验质量。除此之外，近年来，随着国际旅游人数的增多，出境游成为我国一部分旅游消费人群的选择，国内旅行社也应在既有的旅游市场定位上，加强对外旅游，不断开拓对外旅游市场。旅行社在开发国际旅游市场时应注意，旅游业受国内国际政治、经济和社会政策的影响较大，因此，旅行社应根据其市场定位，有计划、有步骤地进行市场开拓，以起到有序推动旅行社不断发展的目的。

第四节　智慧旅游背景下的城市管理

随着互联网技术的发展，大众化旅游时代的到来，越来越多的城市开始倾向一体化发展。尤其是一些城市旅游资源相对丰富的地区，纷纷发展智慧旅游城市，城市建设和管理进入智慧旅游新时代。本节主要对智慧城市的内涵和特点、智慧城市与智慧旅游的关系、智慧旅游城市管理等方面进行详细分析与阐释。

一、智慧城市的内涵和特点

智慧城市是随着互联网信息技术的发展而提出的概念，当前，关于智慧城市的概念还没有公认的定义，根据 IBM 发布的《智慧城市在中国》白皮书，智慧城市是指"能够充分运用信息技术和通信手段感测、分析、整合城市运行核心系统的各项关键信息，从而对于包括民生、环保、公共安全、城市服务、工商业活动在内的各种需求做出智能的响应，为人类创造美好的城市生活"[①]。根据这一定义，智慧城市具有全面物联、充分整合、激励创新和协同运作四个特征。"智慧城市"一词被引入我国后，我国学者从不同角度对智慧城市的概念进行了阐释，从智慧旅游的角度看，智慧城市的概念可以定义为："基于云计

---

① 胜武，闫国庆．智慧城市——技术推动和谐 [M]．杭州：浙江大学出版社，2010：36．

算、物联网、移动通信等高技术手段，作为旅游目的地城市的技术支撑，依托智能手机、电脑、企业应用、金融 POS 等无线终端，通过借助城市的旅游信息资源，建立旅游电子商务、电子政务、旅游智能管理、监督等信息化平台，以游客、旅游企业、政府为主要服务对象。将现代信息技术运用到城市发展之中，能够促使智慧旅游逐步成为旅游城市创新发展的新引擎，成为旅游城市转型升级的新途径，为行业管理和旅游企业管理提供更高效、更智能化的信息平台，也为旅游管理部门进行精细化管理提供一定的科学依据，提高城市旅游的公共服务质量，满足游客差异性需求，从而不断提高旅游者旅游体验质量，同时也成为不断提升旅游城市品牌形象和旅游竞争力的关键支撑。"[①]国家发展和改革委员会等部门于 2014 年 8 月联合印发了《关于促进智慧城市健康发展的指导意见》。该《意见》中指出，智慧城市是运用物联网、云计算、大数据、空间地理信息集成等新一代信息技术，促进城市规划、建设、管理和服务智慧化的新理念和新模式，建设智慧城市，对加快工业化、信息化、城镇化、农业现代化融合，提升城市可持续发展能力具有重要意义。[②]从这一定义来看，智慧城市具有以下特征。

（1）智慧城市的全面感知能力。智慧城市是利用各种感知设备和智能化系统，不断提升对城市运行的感知能力，借助智能识别系统及时了解城市的环境、区位、状态等信息的变化，并对感知的结果进行数据化的分析、处理，为城市决策者提供决策依据奠定了基础。

（2）智慧城市的广泛互联能力。智慧城市以互联网信息技术为基础，将城市的各个神经系统连接起来，对各个城市子系统进行调度和协同，使得子系统之间的互动更加复杂。城市中的人和物、人与人以及物与物均实现互联互通，形成城市内部无处不在的互联能力。

（3）智慧城市的智能决策能力。智慧城市的智能决策能力是指智慧城市借助全面感知技术、云计算技术、云储存技术等，以及智能融合技术的应用，实现对海量数据的存储、计算与分析，对数据进行分析与应用，为城市管理者的决策提供依据，引导城市管理朝着智能化和最优化的方向发展。

① 吴国清，申军波．智慧旅游发展与管理 [M]．上海：上海人民出版社，2017：194．
② 张建春．智慧旅游导论 [M]．杭州：浙江工商大学出版社，2015：23．

（4）智慧城市的智能创新能力。智慧城市通过借助各种互联网信息技术，以人为本，为公众服务，并从公众的需求出发，借助各种信息技术工具和方法，增强城市公众参与城市建设的热情与能力，通过汇聚公众智慧，进行城市建设和创新，实现城市智慧系统的可持续发展。

二、智慧城市与智慧旅游的关系

智慧城市与智慧旅游之间存在着密不可分的关系。智慧城市这一概念最早与智慧地球的概念一起被提出，之后，智慧城市成为许多国家城市建设的目标和愿景。智慧城市是将互联网、物联网、大数据、云计算等信息技术应用于城市建设中，将智能化和信息化植入城市规划、安全、城管、文教卫、社保、民生、通讯、环境监测、智慧社区、政务、商务、交通、企业等部门与行业，以实现在城市管理中全面立体感知、快速可靠传递，以及智能安全处理，从而达到城市资源共享、互通互联，以及高效可持续发展的目的。

智慧城市的理念是将整个城市视为一个生态系统，城市中的市民、交通、能源、商业、通信、水资源共同构成城市的子系统，不同的子系统之间相互联系，相互影响，共同促进。而智慧旅游则是在智慧城市的背景下，从旅游行业的特性着手，综合利用各种互联网信息技术手段，结合城市的先进运营服务理念，从而对城市中的食、住、行、娱、游、购等旅游要素进行全面整合，构建智慧化旅游服务体系，以促进城市中的旅游行业朝着健康、稳定、可持续的方向发展。

智慧城市与智慧旅游之间存在着彼此关联、相互依存的关系。一方面，智慧旅游必须依托智慧城市的信息技术平台，才能构建智慧旅游平台，才能实现旅游资源的交流与共享。借助智慧城市的产业建设为智慧旅游的公共服务提供技术支撑，为智慧旅游的发展奠定技术基础。而智慧城市中的智慧社区、智慧医疗、智慧政府、智慧交通、智慧物流等则为智慧旅游的发展奠定了平台基础；另一方面，智慧旅游作为智慧城市的重要组成部分，同时也是智慧城市理念的具体应用，其体系的建设极大地推动了智慧城市的发展，进一步提升了城市形象和城市文化竞争力。

三、智慧旅游城市管理

智慧城市的建设与管理应坚持统筹规划、政府主导原则；实用原则；民生原则；服务经济原则；联合共建原则以及资源共享原则。智慧城市建设是为整个城市打造智能大脑，使城市的发展朝着更加协同、更加智能的方向发展。智慧城市的管理和服务是智慧城市建设的核心内容，主要包括智慧政务、智慧交通、智慧医疗卫生、智慧环保、智慧能源管理、智慧公共安全、智慧教育、智慧社区、智慧物流、智慧旅游、智慧地理信息等方面的管理和服务。

以智慧旅游城市为例，智慧旅游城市建设是集城镇化、信息化、现代化和城乡一体化的综合作用和考量的结果，需要多方联动和共同推进。智慧旅游城市建设与管理体系包括基础体系、技术体系和应用体系三个部分。从旅游消费者的体验来看，智慧城市建设与管理的基础体系主要包括以城市经济发展水平、城市交通发展状况、城市旅游产业发展状况、城市旅游资源核心价值在内的旅游城市的硬件建设与管理，以及旅游城市管理、旅游城市服务、旅游城市组织和旅游城市制度建设为主要内容的旅游城市软件建设与管理。智慧旅游城市技术建设和管理体系主要包括旅游城市资源数据库建设与管理、城市智慧旅游核心技术建设与管理。智慧旅游城市的应用体系则主要为旅游消费者体验服务与管理，具体则包括旅游消费者行程前的旅游产品和服务咨询与选择；旅游消费者旅游过程中的智慧导游、智慧交通、智慧购物等服务与管理；旅游消费者旅游结束后的智慧体验信息交流与反馈服务与管理等。

综上所述，智慧城市与智慧旅游之间存在着千丝万缕的联系，智慧旅游城市的管理涉及智慧城市管理的方方面面，智慧旅游城市建设和管理对促进智慧旅游的发展起着极其重要的推动作用。

第五章　面向旅游者的智慧服务

第一节　旅游者行前智慧服务

旅游消费者是旅游活动不可或缺的主体，智慧旅游的兴起和发展彻底改变了传统的旅游消费者的出游方式。本节主要从旅游消费者的智慧服务入手，分析智慧旅游发展对旅游消费者行前准备的改变。

一、智慧旅游背景下旅游信息收集网站

智慧旅游背景下旅游消费者在进行旅游信息收集活动时，不再单纯依靠旅行社，而是通过旅游信息收集网站了解旅游产品和服务的相关信息。智慧旅游时代的到来，催生了旅游消费的自主性；而自主旅游时代的到来，则推动中国旅游产品和服务朝着需求个性化、需求自主化以及需求深度化的方向发展。智慧旅游时代的需求个性化是指随着科技信息技术的发展，以及人民生活水平的提升，我国旅游逐渐步入大众旅游阶段。大众旅游时代的发展，旅游消费者由于利益诉求不同、价值观念各异、生活选择不同，逐渐形成了不同的旅游圈层，不同旅游圈层之间的差异较大，而旅游消费者为了选择适合自己所在圈层的旅游产品，往往自行在网络上进行旅游信息搜索，从而催生了旅游信息收集网站的出现。旅游信息收集网站根据其类型的不同，可以为旅游消费者提供不同的旅游服务，其中包括为旅游消费者提供碎片化的旅游产品，为旅游消费者提供旅游产品和服务的定制咨询服务，为旅游消费者提供私人导游服务，为旅游消费者提供旅行社群服务，以及为旅游消费者提供行程助手服务。

（一）为旅游消费者提供碎片化的旅游产品

这里所说的碎片化旅游产品，是指在线旅游网站平台针对小众旅游圈层或散客推出的一种旅游产品和服务。这种旅游产品和服务通常指一小时或一天

行程的碎片化产品。在线旅游网站可以为有需求的旅游消费者提供旅游景点门票订购、旅游景区交通接送等，供在线旅游消费者选择。一般来说，这类旅游网站上还存在诸多旅游信息选项供旅游消费者选择，例如，旅游消费者可以选择自行乘坐交通工具到达旅游景区，也可以选择乘坐旅游网站所提供的交通工具到达旅游景区；可以选择在旅游景区留宿，也可以选择当天返回等。由此可见，这类在线旅游网站通常与旅行社或线下旅游景区、旅游酒店等进行合作，为旅游消费者提供旅游信息与服务。除此之外，这类旅游网站通常还通过收集旅游消费者群体的信息与线下旅行社或旅游景区共享，从而推出有针对性的旅游产品和服务。

（二）为旅游消费者提供旅游产品和服务的定制咨询服务

定制咨询服务是指一些旅游网站为了提高旅游信息和产品的服务质量而推出的一项针对消费者个性化旅游需求的服务。智慧旅游时代，旅游消费者在旅游前期，借助互联网平台进行旅游信息搜索，并自行制定旅游路线。然而，由于旅游消费者对旅游目的地不熟悉，因此，虽然旅游消费者能够借助互联网技术搜索到大量旅游目的地信息，然而却不知如何规划旅游路线，如何选择旅游产品和服务。而一些旅游网站提出的旅游产品和服务的定制咨询服务，即是借助对旅游目的地熟悉的职业导游或旅游达人而对具体的旅游信息进行筛选，对旅游产品和服务进行选择与组合，从而形成具有个性化的旅游路线。由于这类旅游网站上提供的定制咨询服务具有较高的质量保障，更易满足旅游消费者的旅游体验，因此，这类旅游产品和服务的定制咨询服务通常需要缴纳较高的费用。

（三）为旅游消费者提供私人导游服务

私人导游服务又称为陪游服务，这类旅游网站既能够为旅游消费者提供旅游信息，又能够为旅游消费者提供私人导游服务。这类旅游网站通常适合对旅游质量有较高需求、追求独特旅游体验和深层旅游文化的旅游消费者。通过在网络上对旅游信息的筛选确定旅游目的地后，旅游消费者在此类旅游网站上选择旅游目的地的私人导游。一般来说，旅游消费者与私人导游可借助旅游网站提供的即时通信工具进行详细沟通，确定私人导游服务内容与价格后即可完成订单。在线下旅游实践中，旅游消费者可以选择以何种方式到达旅游目的地，然后与私人导游顺利接洽后开展旅游活动。

（四）为旅游消费者提供旅行社群服务

旅行社群服务是传统自由行用户集结较多、并且非常依赖的一类旅游网站平台。智慧旅游背景下，旅行社群成为旅游消费者大量聚集的平台。这里聚集了大量旅游消费者，这些旅游消费者在社群中发起旅游倡议、分享旅游信息，以及反馈旅游心得，能够为旅游消费者提供大量旅游信息。旅行社群网站作为旅游信息分享平台，为旅游用户提供大量丰富的旅游信息。由于旅行社群网站上聚集着大量旅游爱好者，他们的旅游服务咨询和旅游分享大多具有时效性强、真实性强、可信度高的特点，更易被旅游消费者所信赖。旅游用户可以借助旅游平台实现信息搜索与筛选、交友以及结伴出游，成为受自主旅游人群欢迎的、不可或缺的平台。

（五）为旅游消费者提供行程助手服务

行程助手是最常见的一类旅游信息服务网站，能够自动根据旅游消费者的旅游目的地选择为旅游消费者推荐适合的旅游产品和服务，以便旅游消费者做出选择。旅游消费者确定旅游目的地后，只需输入旅游消费者所在的城市与旅游目的地城市，网站行程助手即可自动为旅游消费者推荐不同价位的旅游产品。而旅游消费者只需将其对旅游产品的需求进行细化，例如，确定住宿费用范畴、交通费用范畴，旅游行程助手则会为旅游消费者推荐更符合其要求的旅游信息。在智慧旅游背景下，借助旅游行程助手服务，旅游消费者可以较为轻松地选定旅游产品和服务。

综上所述，在智慧旅游背景下，各类旅游信息网站纷纷出现，为旅游消费者提供多样化的旅游信息服务，便于旅游消费者在旅游活动前较为便捷地了解旅游景区的产品和服务，为旅游消费者的出游提供各种保障。

二、智慧旅游背景下旅游规划的制定

旅游是一种离开大众惯常居住地、到旅游目的地进行游览的活动，因此，旅游消费者在开展旅游活动前，通常会对旅游活动进行详细规划，以便在有限的时间内体验到旅游地独特的风光与风俗民情。传统的旅游活动由于多借助旅行社等中介机构，委托旅行社全权制定旅游规划和旅游路线，并安排专门的导游为旅游消费者提供游览讲解服务。因此，无须旅游消费者自行查找旅游攻略，只要跟随旅行社的导游即可。

　　智慧旅游的兴起与发展，打破了旅行社的传统旅游模式，越来越多的旅游消费者开始倾向摆脱传统旅行社的众包式服务，而追求个性化、小众化、特色化的旅游服务。为此，旅游消费者在产生旅游的意愿后，需要自行在网络上进行搜索，寻找旅游信息和旅游产品，并自行比较旅游产品的优劣。而此时，各类旅游攻略网站即可为旅游消费者提供信息参考。

　　旅游攻略网站能够帮助旅游消费者明确旅游目的地的景点数量、类型，旅游景点的质量，以及旅游目的地附近的特色旅游景点或娱乐产品等，便于指导旅游消费者的旅游行为。旅游攻略多为前人旅行后所撰写的心得与总结，包括吃、购、住、行、玩等各方面的知识，能够为旅游消费者提供旅行参考。

　　近年来，随着旅游活动中的个性化旅游、小众化旅游和特色旅游活动的发展，一些旅游消费者的旅游目的更加明确和丰富。例如，一些旅游消费者希望在旅游的过程中实现购物目标；一些旅游消费者则希望借助旅游活动探寻历史文脉；一些旅游消费者希望借助旅游活动增强亲子关系；还有一些旅游消费者希望带父母旅游，饱览大好河山，等等。为了满足不同旅游消费者的个性化旅游需求，旅游攻略网站针对不同的旅游需求，推出了具有个性化的旅游攻略，为不同旅游人群推荐旅游过程中的注意事项，以及适合的旅游景点或食住行建议。除此之外，针对国外旅游，旅游攻略网站不仅为国外游旅游消费者提供具体的旅游攻略，还推出了相应语言翻译类软件，供旅游消费者使用。

　　由此可见，旅游攻略网站的出现，使得旅游消费者不需借助专业的旅游中介，而只需借鉴旅游攻略网站上具体的旅游攻略，即可制定出个性化的旅游规划。

三、智慧旅游背景下旅游产品预订

　　智慧旅游背景下，旅游消费者确定了旅游目的地和规划与旅游时间后，即需要着手安排旅游行程，具体则包括预订车、船、机票，预订旅游景点门票、预订住宿房间，以及预订特色餐厅，预订旅游目的地特色娱乐或休闲项目等。这些均可通过旅游产品预订类网站或 App 实现。

　　旅游预订网站相当于线上旅游产品和服务中介。旅游消费者可以在网站上进行酒店预订、机票预订等。借助预订类网站，旅游消费者可以较为便捷和轻松地实现旅游过程中的吃、住、行预订。

　　除了综合类的旅游网站之外，近年来，随着移动互联网技术的发展，旅游预订类 App 纷纷涌现，为旅游消费者的旅游产品或服务预订提供了更加便捷的方式。旅游消费者在旅游 App 上可以实现吃、住、玩等项目的预订。这类旅游预订 App 通常是综合类旅游网站的延伸，能够为旅游消费者提供整体的产品服务。除了综合类旅游预订网站和一站式旅游预订 App 之外，近年来，旅游预订 App 还出现了许多细分领域的预订 App。例如，交通预订类 App、酒店预订类 App 等，这些细分领域的预订 App 能够为旅游消费者提供细分领域的产品预订。例如，机票预订、火车票预订、汽车票预订或临时租车、酒店预订等服务，能够满足旅游消费者的不同需求。此外，除一站式旅游预订和细分领域的旅游预订外，从旅游预订网站或旅游预订 App 的经营产品地域范围来看，还可分为全国性旅游产品和服务预订以及地方性旅游产品和服务预订两种类型。

　　旅游预订类网站和旅游预订类 App 的出现为旅游消费者的出行解决了食、住、行的难题，为旅游消费者解决了出行最后一公里的难题，有利于推动旅游消费者旅游活动的开展。

第二节　旅游者行中智慧服务

　　旅游活动是一项特殊的体验活动，智慧旅游背景下，为了更好地提升旅游消费者的体验，许多商家推出了位置服务、即时旅游分享服务、景区服务等应用，为旅游消费者提供各种类型的智慧服务。本节主要对旅游消费者旅游活动中的位置服务、即时旅游分享服务和景区服务进行详细分析。

一、旅游活动中的位置服务

　　旅游活动是从旅游消费者所熟悉的惯常居住地到不熟悉的旅游目的地的活动，为了确保旅游过程中不发生迷路、打断旅游行程的事件，基于移动互联网技术的位置服务成为智慧旅游发展中的重要技术应用。位置服务一般称为 LBS（Location Based Service），又称为适地性服务、移动定位服务、置于位置的服务等。LBS 的概念是由美国学者提出，在 20 世纪 70 年代获得了较大范围的应用。20 世纪 90 年代末期，随着世界范围内移动通信技术的发展，LBS 的应用范围和行业领域越来越广。我国的位置服务在进入21世纪后获得了大规模应用。现阶段，位置服务几乎渗透入人们生活的方方面面，与人们的生活质量紧密相连。

以LBS技术为核心研发的LBS定位系统具有覆盖范围广、定位精准度高、操作简便以及应用广泛的特点。LBS技术不仅能够对旅游消费者的室外位置进行定位，也能够对旅游消费者的室内位置进行定位，确保旅游消费者处于LBS定位系统覆盖范围的各个角落均能被覆盖。LBS定位系统不仅覆盖范围广，而且定位的精准度较高。当旅游消费者处于陌生的目的地时，希望尽快地熟悉所在区域，对周边的环境进行了解，而LBS定位系统的精准服务，则可以借助移动手机终端对周围一定范围内的环境进行精准定位，从而便于旅游消费者做出决策。LBS定位系统是一种基于Web服务器和LDAP服务器的应用，操作相对简单。除此之外，LBS定位系统的应用范围较广，从社会环境来看，LBS定位系统可以应用于家庭、社会公共安全、各行各业等。从旅游活动来看，LBS定位系统可以应用在不同的旅游主体活动中。

作为智慧旅游的核心技术构成，位置服务实现了旅游的移动性。位置服务的技术原理在于当旅游消费者位于室外旅游景点或旅游目的地室外区域时，主要依靠GPS技术或GIS技术对旅游消费者进行实时定位；当旅游消费者位于酒店等室内环境时，则主要借助靠Wi-Fi、基站或IP地址对旅游消费者进行实时定位。位置服务能够为旅游消费者提供以下几类服务。

（1）信息查询检索类服务，主要技术原理是利用位置服务让旅游消费者通过智能手机终端搜索和查询其所在周边的服务设施，并且根据旅游消费者设置的既定范围，为旅游消费者提供相关信息。例如，旅游消费者在移动手机终端下载相应的位置服务应用，即可实时查询一定距离范围内的酒店、银行、餐厅、交通站点等信息。对旅游消费者来说，这一功能能够帮助旅游消费者在陌生的地方迅速熟悉旅游目的地周边环境，了解食、住、行的相关信息。

（2）空间分析及实时类服务，位置服务功能的实现是基于LBS技术对空间数据的分析，因此，LBS定位系统与GIS技术、索引技术、空间数据传输与可视化技术、地理编码技术有着紧密联系。对旅游消费者来说，旅游过程中的吃、住、行等活动均需借助LBS定位系统来实现。例如，对于自驾游的旅游消费者，LBS定位系统可以帮助旅游消费者自动规划行程和路线，并且主动标识堵车地点和预计堵车时间，方便旅游消费者及时更换路线，绕开堵车地点，合理预计行程所需时间。又如，旅游消费者在酒店住宿时使用 LBS 定位系统，可以明确自身所处位置距离旅游景区的距离，以及实时交通路况，便于旅游消费者选择出门时间和相应的交通工具。

（3）旅游安全服务，是旅游活动中最重要的问题，也是旅游行业管理的重点。对旅游消费者来说，旅游活动是为了体验不同地区的风俗文化和自然景观的过程，应避免在这一过程中出现任何人身和财产意外风险。为此，旅游消费者自身在出门旅游时会做各种准备。在智慧旅游背景下，借助移动互联网技术和 LBS 定位系统可以为旅游消费者提供各种便利，保障旅游消费者的人身安全。例如，借助 LBS 定位系统，旅游消费者在旅游活动过程中的各个环节所产生的信息数据，均会上传至智慧旅游公共服务平台形成的网络数据库中，便于旅游管理部门对旅游行业的实时监管和动态分析，有利于有关部门排查旅游风险，并在出现旅游风险时及时提出旅游预警，帮助旅游消费者提前规避各种旅游风险，从而保障旅游消费者的安全。例如，旅游消费者在旅游过程中，如果旅游目的地遭遇极端天气，为了确保旅游消费者的人身安全，当地旅游部门或旅游景区会发布相关公告，提醒旅游消费者出行注意事项，或临时关闭某个旅游景点。

此外，旅游消费者在旅游活动中如果遭遇危险，可借助其随身携带的手机、平板、电脑等移动终端设备及时联系有关救援部门，有关部门可根据旅游消费者的手机移动终端连接智慧旅游平台，并根据智慧旅游服务平台上的网络数据库对智慧旅游平台实现精准定位，以便于相关救援部门及时开展有针对性的救援行动，确保旅游消费者的人身安全。

对于旅游行业管理来说，LBS 定位系统有利于旅游管理部门实时掌握区域内旅游景区游客的流量与分布区域，及时采取限入与分流措施，并及时优化游览线路，确保区域内旅游活动的健康、安全开展。除此之外，旅游部门借助 LBS 定位系统实现跨区域旅游管理联动，有利于不同地域旅游行业协同发展。而对于旅游资源管理部门来说，LBS 定位系统还可以对旅游资源进行安全监控，对旅游资源加以保护。

（4）旅游营销服务。旅游企业利用 LBS 定位系统对旅游消费者的信息进行收集，通过对旅游消费者地理信息的定位，对旅游消费者的行为习惯进行分析，并进行旅游消费者群画像，对旅游消费者进行人群细分，向旅游消费者实时推送其附近的旅游产品和服务信息，方便旅游消费者进行选择。由于旅游企业为旅游消费者所推送的信息大多符合旅游消费者的行为习惯，因此易于被旅游消费者所接受和选择，从而能够达到节约旅游企业成本、提高旅游企业效益的效果。

二、旅游活动中的即时分享

旅游消费者在旅游活动中进行食、住、行、游的过程中，会产生即时分享的想法。智慧旅游背景下，旅游活动中的 UGC（User Generated Content，用户原创内容）是伴随着互联网信息技术的发展，以及个性化旅游的发展而出现的互联网模式。现阶段，UGC 旅游网站的主要业务形式包括以下几种。

（1）旅游博客。旅游博客类似于在线流水账，用于记录个人旅游思想历程。许多在线旅游网站或在线旅游论坛为了吸引旅游消费者的参与，获得较高关注度，均开设了旅游博客，方便旅游消费者记录旅游过程中的心灵感悟和思想灵感。这种旅游论坛的开设，增强了旅游论坛的丰富性，同时也提升了用户对该旅游网站或旅游论坛的忠诚度。与其他即时分享类旅游网站相比，旅游博客一般对旅游消费者所撰写的文字没有具体规定。对旅游消费者来说，旅游博客的撰写往往在旅游开始、旅游过程中的某个阶段或旅游活动结束后撰写。

（2）旅游播客，即旅游视频分享，主要为旅游消费者在旅游过程中所拍摄集音频、视频、文字等为一体的可读、可看、可听的旅游分享类新形式。例如，旅游播客的内容可以为旅游景观，也可以为旅途中的见闻，或旅游活动中的某个具体事物。与旅游博客相比，由于旅游播客具有较强的直观性、形象性特点，因此，更受欢迎，对其他旅游消费者具有较强的刺激作用。

（3）旅游社交网络，是旅游网站为了便于该网站用户彼此交流而设立的平台，有利于旅游消费者在相关网站结识志同道合的旅游伙伴或朋友，建立属于自己的旅游关系圈。现阶段，我国知名的旅游网站已建立了专业的旅行网站，并设置了相应的旅游社交平台。旅游消费者在旅游行程中也可借助遍布景区或酒店的无线网络，通过手机、电脑等移动终端，登录该网站发布旅游活动的即时分享。

（4）旅游微博，是基于旅游消费者的信息分享、传播以及获取的平台，旅游消费者可以借助手机、电脑等终端设备在旅游微博上发布消息、上传图片和视频，并且参与旅游微博上热门话题的讨论等。旅游微博不同于旅游博客，从发布内容上来看，旅游微博既可以发布文字内容，也可以发布图片、视频内容；从文字长短来看，旅游微博只能发布不超过 140 字符的内容，篇幅较短。然而，有利于旅游消费者在旅游过程中实时发布旅途感想、景观、见闻等，为其他旅游消费者提供动态旅游资讯。

除了以上几种旅游即时分享类平台之外，旅游消费者在旅游过程中还可通过微博、微信等即时通信类软件进行旅游即时分享和互动。

三、旅游活动中的景区服务

智慧旅游背景下，旅游景区为了提升旅游消费者体验质量，借助互联网信息技术构建了多种旅游服务类产品，旅游消费者在旅途中可以使用这些服务类产品更好地进行游览。

在智慧旅游背景下，旅游景区为了构建智慧景区，通常会搭建景区的智慧旅游平台。这一平台以移动互联网技术、大数据技术、物联网技术等为依托，通过构建基础服务系统、呼叫中心、数据分析决策系统、地理信息系统、智能信息服务系统、信息资源库系统、旅游资源数据库系统、旅客资源数据库系统、旅游诚信数据库系统、多媒体数据库系统，为旅游消费者提供较为全面的景区服务、交通服务、酒店服务、保障服务等，满足旅游消费者在旅游活动中的信息获取、自助导游、智能定位以及立体化感知旅游景区的需求。

（一）旅游景区的信息获取服务

旅游消费者在进行旅游活动时需要解决吃、住、行、游、购、娱等问题，尽管旅游消费者在旅游活动开始前往往会进行相关信息搜索，然而由于旅游过程是一个动态过程，旅游消费者无法对旅游活动中的任何事项进行事无巨细的规划。当旅游消费者到达旅游目的地后，仍然需要对吃、住、行、游、购、娱等信息进行获取。为了满足旅游消费者的这一需求，旅游景区构建的智慧服务平台上一般为旅游消费者提供了相关信息，并对这些信息的数据进行实时更新，以便旅游消费者进行查询。例如，庐山景区的庐山智慧服务平台上为旅游消费者提供了十余条旅游线路、数百个主要文化景观场景的全景观景系统，以及数百个旅游景点的信息数据、百余家旅游景点附近的酒店信息，为旅游消费者提供全面的信息分类搜索与查阅。除此之外，庐山智慧服务平台还为旅游消费者提供了景区及周边商品的优惠和特价信息，以供旅游消费者选择。旅游景区为旅游消费者提供的信息包括文字信息、图片信息、视频信息等，旅游消费者可以进行直观地浏览。当旅游消费者选择相应的产品后，可以直接进行在线预订和付款，为消费者提供了极大便利。

（二）旅游景区的自助导游服务

自助导游服务是旅游景区为旅游消费者提供的智慧服务之一。传统旅游活动中，旅游消费者到达旅游景区后，或者聘请当地导游进行讲解，或者自行游览。而单独聘请导游的费用过高，自行游览又无法对旅游景观的文化进行深入了解。在智慧旅游背景下，旅游景区借助遍布旅游园区各个角落的感应系统为旅游消费者提供了自助导游服务。旅游消费者到达旅游园区后，只需出示线上门票预订的二维码或凭借身份证即可进行自动检票，进入园区。在进行游览活动时，旅游消费者借助智慧服务平台即可对旅游景区内的景观进行整体了解，并选择特定的旅游路线进行游览。景区智慧服务平台还设置了一键导航功能，旅游消费者开启这一功能，即可享受电子语音导航服务，无需导游引导，即可浏览整个景区。而如果旅游消费者在游览过程中想要改变既定的游览路线，景区智慧服务平台还可以根据旅游消费者的历史旅游痕迹，为旅游消费者提供其他路线参考，帮助旅游消费者尽快找到适合的游览路线，提升旅游消费者的消费体验。以庐山智慧旅游服务平台为例，该智慧旅游平台可以为旅游消费者提供十多条不同的旅游路线，以供旅游消费者选择。通过对旅游消费者在园区中的地理位置的实时分析与跟踪，可以为旅游消费者提供实时自助导航服务。除此之外，旅游消费者在旅游景区中游览时，智慧旅游服务平台还可以根据旅游消费者既定的旅游景点，为旅游消费者量身制定和推荐个性化的旅游路线，方便旅游消费者选择。

（三）旅游景区的智能定位服务

智慧旅游背景下，旅游景区利用 GPS 技术对旅游消费者在旅游景区内的位置进行实时搜索和定位，为旅游消费者提供个人定位服务。旅游消费者在旅游景区的游览过程中，可能与同行的亲人或朋友沿着不同的旅游线路游览，也可能被旅游景区内不同的景点或娱乐所吸引，从而失去联系。此时，旅游消费者之间可通过互相发送定位信息来根据导航寻找到彼此，或实时关注对方的位置。除此之外，旅游消费者在旅游园区内游览时，如果旅游消费者拟定的旅游景点或途经的旅游景点处出现突发状况或临时闭展时，旅游消费者会接受景区发布的预警消息，提醒旅游消费者改变参观路线，从而节省旅游消费者的时间，保障旅游消费者的安全。旅游消费者在游览中遭遇突发危险时，还可以通过旅游景区的应急预警设置进行一键呼救，旅游景区工作人员看到旅游消费者的呼救后，会根据旅游消费者的位置判断旅游消费者遇到的危险，并对旅游消费者进行及时救护，保障旅游消费者的人身安全。

（四）旅游景区的立体化感知服务

智慧旅游背景下，旅游景区除了为旅游消费者的实地游览提供种种便利之外，还为旅游消费者提供了多种高科技旅游服务体验。例如，借助虚拟现实技术为旅游消费者提供虚拟体验平台。同一个旅游景区，从不同旅游角度进行游览可能会产生不同的游览体验。为了给旅游消费者提供更加丰富的旅游体验，一些旅游景区除了为旅游消费者规划多条不同的旅游线路外，还可以为旅游消费者提供虚拟旅游体验，借助虚拟现实技术帮助旅游消费者从其他视角对旅游景区进行游览，发现同一个旅游景点的不同美景。一般来说，旅游消费者在进行旅游活动时，或者进行步行参观，或者乘坐景区提供的游览车参观，不管何种方式，均沿着固定的高度进行参观，受人类视野范围的影响，进入视野的景物往往是有限的。而同一个景区如果从不同高度或不同视角进行观察，其呈现的样貌则会发生变化。而虚拟现实技术可以模仿不同高度、不同视角，因此，可以帮助旅游消费者发现不一样的景观。例如，庐山景区构建了三维虚拟现实平台，方便旅游消费者借助虚拟现实技术，立体化地感知庐山景区丰富的旅游信息和自然信息。

综上所述，在智慧旅游背景下，旅游消费者借助旅游景区提供的各种智能服务，能够顺利地开展旅游行程，并及时将旅游行程中的体验或感受及时发布出去，满足旅游消费者在旅游过程中的种种需求，提升旅游消费者的体验质量。

第三节　旅游者行后智慧服务

　　传统旅游背景下，旅游行程结束后，整个旅游活动也随之结束。然而，智慧旅游背景下，旅游消费者在旅游行程结束后，往往还会对各种在线旅游网站上预订和消费的产品或服务进行评价，撰写旅游日记并发布到相关旅游网站或社区。为了提升旅游消费者的整体服务体验，也为了获得旅游产品或服务的反馈结果，旅游产品或服务提供商为旅游消费者提供了种种满足其需求的行后智慧化服务。

一、旅游消费者行后社交媒体分享

　　旅游分享是随着互联网信息技术的发展而出现的行后旅游服务。旅游是一项精神体验活动，在旅游大众化时代，旅游本身不再重要，旅游目的地和旅游的目的不再重要，而与什么人一起旅游、旅游过程中产生的感悟才重要。尤其是近年来，随着媒体社交化时代的到来和发展，越来越多的旅游者在旅游过程中和旅游结束后，通过在微信、微博等大众社交媒体平台上分享旅游文字、图片、视频来与人分享旅游过程中的美好时光和心得感悟。

　　旅游活动作为一项体验活动，具有动态性的特点。旅游过程是一个动态的过程，旅游体验也具有较强的动态化特点。旅游体验包括 11 个阶段，即认识—最初决定—探索—最终决定—预期—准备—去程—主要体验—回程—调整—回忆。[①] 这 11 个旅游体验环节环环相扣，密不可分，从而促进旅游消费者最终形成一个完整的旅游体验。从以上旅游体验环节来看，回忆是旅游体验中不可或缺的主要环节。旅游消费者在旅游活动结束后，通过对整个旅游活动的回忆，对旅游中遇见的人和事，以及旅游过程中所见的美景和产生的感悟进行系统的梳理后，会产生全新的旅游体验或对之前的旅游体验进行升华。在媒体社交化时代，旅游消费者出于对旅游活动进行记录、回忆，分享心情、感受，加强社会联系，寻求关注，提供借鉴、信息、视角，寻求认同，影响别人的行为、情绪、观点以及从众心理等不同的心理动机，将旅游中的信息发布到社交网站

---

① 朱竑,蔡晓梅,苏晓波,何瑶. "晒"与"赞"：微信时代旅游体验的互动建构[J]. 旅游学刊,2020,35（10）:96.

上，从而形成旅游消费者行后社交媒体分享。

其中，对旅游活动进行记录、回忆是旅游消费者最常见的社交媒体分享动机。我国正处于旅游大众化时代，越来越多的公众将旅游活动作为一项日常活动，成为日常活动的重要组成部分。然而与旅游消费者常态化的工作和生活相比，旅游时光仍然属于旅游消费者个人生命中独特的时光，值得纪念和回忆。旅游活动是旅游消费者离开日常生活的地方到另一个地方的活动，在旅游过程中，旅游消费者不必考虑实际工作和生活中面临的种种困难，只需全身心地享受旅游过程中的休闲时光，在全新的环境中体验异域美景和美食，体验不同的风俗文化，让旅游消费者接触到外面不一样的世界。因此，对旅游消费者来说，旅游活动是暂时逃离固有的樊笼的一种异地体验，能够打破旅游消费者的固有思维，强化旅游消费者对外界的感受，为旅游消费者带来全新的感悟。而旅游消费者的感悟往往一瞬而逝，如果不立刻记录下来，回到固有的生活后，那么，就会逐渐被固有的思维所同化，因此，许多旅游消费者在旅游行程结束后，都会产生强烈的分享和晒照的意愿。除此之外，随着各种社交媒体的崛起，利用社交媒体技术可以记录下个体的旅游日记，每当翻看这些旅游日记时，旅游消费者又会重温之前的旅游时光。

移动社交平台是以强关系为基础构建的社交平台，在社交平台上分享旅游感受和心情，不仅能够起到记录和分享的作用，还能够及时传播信息、获得评论和点赞，从而使旅游消费者赢得认同，获得心理满足。

二、旅游消费者行后 OTA 点评

智慧旅游时代，旅游消费者在开展旅游活动时，常通过在线旅游网站订购旅游产品或服务，例如，订购旅游门票、旅游交通、旅游住宿、旅游餐饮服务等。旅游消费者通过在线旅游网站订购旅游产品后，在旅游实践活动结束后可以在线对所订购的旅游产品或服务进行点评。这些点评意见通常能够体现出旅游消费者对旅游产品或服务的真实反应。在线旅游网站包括旅游门户网站、旅游综合网站、旅游垂直网站、旅游推荐网站、旅游点评网站等，其中旅游点评网站在推荐旅游产品的同时，还设置相应的旅游点评栏目，吸引旅游消费者在相关旅游目的地栏目下留言，从而通过大量真实的评价案例，帮助其他旅游消费者做出选择和判断。

从旅游消费者的角度来看，旅游分享能够表达旅游消费者的情感，记录旅游消费者的心情，帮助其他旅游消费者规避旅游活动中的雷区，规划旅游路线，提升旅游消费体验。旅游消费者在 OTA 分享的旅游心得或旅游点评对旅游消费者的行为会产生一定的引导作用，进而影响在线旅游平台上旅游产品和服务的销售。

从旅游行业的角度来看，旅游分享还具有多重作用。旅游分享能够对其他旅游消费者的行业产生影响，能够影响旅游消费者的目的地选择、旅游消费者的旅游产品和服务购买行为、旅游行业的发展。

旅游分享能够影响旅游消费者的目的地选择。旅游活动是一项持续性的活动，从旅游目的地选择到旅游产品订购、线下旅游行为实施等。在智慧旅游背景下，旅游消费者的行为均可以反映或体现在线上，因此，旅游消费者的分享和点评可以对旅游活动的各个环节产生影响。现阶段，我国已进入旅游大众化时代，旅游消费者的旅游活动朝着个性化、特色化的方向发展，越来越多的旅游消费者追求和崇尚自主性旅游，而非被动性旅游。这些旅游消费者，尤其是年轻旅游消费者常常通过自主在网络中查找旅游信息，从他人的旅游消费和旅游攻略中获得旅游意愿，从而确定旅游目的地。而旅游消费者在专业的在线旅游网站上发表的旅游分享和点评，无疑为其他旅游消费者进行旅游规划和旅游选择提供了参考。如果旅游消费者对某个旅游目的地的整体评价较高，那么，就会吸引其他旅游消费者将该旅游目的地列入旅游计划；相反，如果旅游消费者对某个旅游目的地的整体评价较低，则会促使其他旅游消费者在规划旅游活动时，避开该旅游目的地。

旅游分享能够影响旅游消费者的旅游产品和服务购买行为。旅游消费者在旅游活动中，会消费大量旅游产品和服务。一般来说，旅游活动中的消费大体可划分为两种，即冲动消费和非冲动消费。冲动消费即是在旅游活动中临时起意的消费行为；非冲动消费则是在旅游活动之前，制定旅游规划时即决定购买的旅游产品或服务。在智慧旅游背景下，旅游消费者在进行旅游产品和服务消费时，通常会在相关在线旅游攻略网站或点评网站查找相同或相似的旅游产品和服务的评价信息，再决定是否消费。由此可见，旅游消费者的 OTA 点评对其他旅游消费者的消费决策起着重要的影响作用。

旅游分享能够影响旅游行业的发展。旅游消费者在旅游行程结束后的分享不仅包含旅游消费者的个人感悟和心情，还不可避免地涉及对旅游服务机构、旅游目的地的旅游景观设施、旅游政策、旅游文化等方面的整体评价，从而对旅游行业的进一步发展起着良好的推动作用。

鉴于旅游消费者的 OTA 点评在整个旅游行业中具有十分重要的作用，因此，旅游产品、旅游服务提供商以及在线旅游平台都十分重视旅游消费者的 OTA 点评，通过对旅游消费者的 OTA 点评，引导旅游消费者的消费行为。

三、旅游消费者行后游记写作

游记是旅游消费者记录旅游活动的重要形式。在智慧旅游时代，为了满足旅游消费者写作游记的需求，在线旅游网站均开通了游记版块，鼓励旅游消费者写作游记，记录旅游途中的见闻感受，一些旅游产品或服务提供商甚至将游记作为一种营销方式，对旅游消费者进行引导。网络游记属于在线旅游 UGC（User Generated Content，用户生成内容）范畴，游记的形式大多为图文结合。近年来，伴随着大众旅游时代的兴起，网络游记也随之兴起。旅游用户在旅游行程结束后，可以将旅游过程中产生的所思所想，包括旅游过程的每个环节，行程准备、行程花费、交通、住宿、美食、购物、景点心得感受以及经验分享，配以相应的文字和图片，进行生动而详细的描绘。游记写作，一方面可以真实地反映旅游消费者的旅游活动，便于旅游消费者事后回顾；另一方面能够将自己的经验分享给更多用户，以便其他旅游消费者参考。

除了游记之外，旅游消费者在旅游写作中，还可以将旅途中拍摄的照片上传到网络相册或在线旅游网站的虚拟社区中，和其他用户分享，便于其他用户通过旅游消费者的照片较为直观地了解旅游目的地。与游记写作相比，旅游相册的制作相对简单，旅游消费者只需根据在线旅游网站的提示上传相应的图片即可，在线网站会对用户所上传的图片进行自动优化和排版。

近年来，随着移动互联网技术的发展以及移动网络终端设备的升级换代，移动网络终端设备，例如，手机的功能越来越强大，除了通话外，手机的拍照功能以及拍摄视频的功能越来越突出。旅游消费者在旅途中借助手机即可拍摄照片或长短视频。一些在线旅游网站为了适应旅游消费者的需求，开设了旅游视频版块，允许旅游消费者上传旅游视频。旅游视频较之旅游图片能够更加真实地反映旅游行程，因此，受到了众多旅游爱好者的喜爱。

　　除了以上几种记录旅行的方式之外，旅游消费者还可以在旅游行程结束后在旅游攻略网站发表旅游攻略或旅游锦囊。旅游攻略一般多为旅游达人或专业的旅游体验师撰写的以某个旅游目的地为中心的吃、住、游、玩、购、娱等活动的详细指南。这些旅游达人或旅游体验师的旅游经验一般较为丰富，因此，他们能够在撰写攻略时将同类旅游景区或同一地域内的旅游景区进行比较，并有针对性地介绍某个旅游景区的优点和不足，为其他旅游消费者提供中肯的意见或建议。

　　在旅游行程结束后，旅游消费者还会以文字、图片、视频等不同形式在社交媒体、旅游网站、旅游虚拟社区中进行晒照、点评、游记、攻略等各种形式的旅游分享。这些旅游分享不仅是旅游消费者个人记录旅游活动的形式，还能够对其他旅游消费者产生重要影响。对旅游企业来说，可以利用旅游分享进行数据分析，从中发现问题，进行改革，为旅游人群制作详细画像，针对不同旅游人群制定不同的旅游产品、营销策略，推动旅游行业朝着健康、可持续的方向发展。

第六章　智慧旅游背景下旅游业未来发展方向

第一节　旅游发展新业态——共享经济

　　共享经济自 21 世纪以来伴随着信息技术的发展获得了社会认同，成为现阶段备受关注的经济形态。智慧旅游背景下，旅游业受共享经济的影响兴起了"共享旅游"新业态，促使旅游业的管理产生了一系列创新。本节主要通过对共享经济和共享旅游的概念和特点、共享经济下旅游业的发展机遇、共享经济下旅游业发展策略等进行分析与阐释。

一、共享经济和共享旅游的概念和特点

　　共享旅游是在共享经济的基础上产生的旅游新概念和新业态，在这里，我们先对共享经济的概念和特点进行分析与阐释。

　　共享经济，又称为"分享经济""协同经济""协同消费""协作消费""对等经济"等。共享经济的概念是 1978 年由美国德克萨斯州立大学社会学教授马科斯·费尔逊（Marcus Felson）和伊利诺伊大学社会学教授琼·斯潘思（Joel. Spaeth）提出的，当时称为"分享经济"。之后，其他学者不断提出类似概念，并对该概念进行解读。进入 21 世纪以来，共享经济得到了越来越多学者的重视和研究，这些学者的研究角度不同，对共享经济定义的阐释也不尽相同，当前，共享经济的概念正在不断地研究和完善中，并未形成统一的意见。其中，2015 年英国商务部的调查报告中提出的共享经济的定义较为权威，它指出共享经济是通过网络平台分享闲置资产、时间及技能，而能从分享中获得收益的一种模式。[①] 从这一定义来看，共享经济具有三方面的特点。

---

① 　张鹭旭. 旅游者的旅游 App 使用行为研究 [D]. 安徽大学,2016：18.

（一）以网络技术作为媒介

共享经济以网络技术作为媒介，网络技术中的云计算、大数据、物联网、移动互联网等技术，有效打破了信息壁垒，将需求端和供给端进行有效整合，从而降低了共享信息的成本，为共享经济提供了有效的技术支持。

（二）只使用而未占有资源

共享经济以共享资源为特点，共享经济范畴的共享资源包括实物和非实物，其中，非实物资源包括时间、技能、情感等。在共享经济交易的过程中，需求者借助共享平台获得的物品或服务并非占有这些资源，而只是获得了这些物品或服务的短暂使用权；在共享经济交易结束后，共享经济交易双方必须将其所占用的资源归还给共享平台。例如，旅游消费者在旅游共享平台或网站订购门票或车票，抑或购买其他旅游服务时，旅游消费者和旅游景区双方通过使用旅游共享网站的支付资源完成交易；交易结束后，双方需将所占用的资源归还旅游共享网站。

（三）交易双方关系对等

共享经济以互联网技术作为媒介，提倡信息和资源共享，这一理念打破了行业之间的信息壁垒，交易双方在交易过程中本着自愿原则、地位对等原则进行在线交易，双方的关系始终处于对等地位。

共享经济的本质是对供求的对接，共享经济由共享主体、共享对象、共享平台三部分构成。近年来，随着互联网技术的发展，以及市场经济改革的深化，人们的消费观念发生了很大改变，社会问题日益凸显，共享经济的理念得以发展和流行。共享经济的发展受到资源供给、需求、社会消费观念以及社会环境和互联网技术五个要素的影响。共享经济根据参与主体的不同，可以划分为 B2B、B2C、C2B、C2C 四种类型。其中，B2B 即供求双方均为企业的共享模式，企业利用互联网平台将世界范围内的闲置资源进行整合，其他企业则根据其需要选择相应的资源，资源供求交易双方在线上进行交易。B2C 即供求双方为企业和个人的共享模式，企业利用网络平台拓展资源的利用渠道，提高资源的利用率，而个人则通过租借的方式使用资源，从而达到既提高个人需求又节省资源的目的。C2B 即需求双方为个体与企业的共享模式。这种共享模式中，个人通过将自己的时间、技能、资金等资源拿出来给企业使用，为企业临时提供服务，从而达到满足企业需求、提高个人收益的目的。C2C 即需求和交易双方均为个人的模式。

共享经济与传统经济相比，是一种资源使用权和资源所有权相分离的经济模式；共享经济时代对社会信用体系要求较高，在一定程度上完善了信用体系；共享经济以互惠共赢作为目标。

二、共享经济下旅游业的发展机遇

共享旅游是受共享经济理念影响而兴起的一种新兴的旅游模式。当前，国内外学术界对共享旅游的概念还未形成统一的定义，本书认为，所谓共享旅游是指共享经济和旅游业的完美结合，指旅游共享经济。旅游共享经济是共享经济的延伸和扩展，是旅游行业贯彻和落实共享经济、践行共享经济模式的产物。[①]

旅游共享经济的发展具有一定的理论基础，旅游共享理论与马克思主义劳动价值论相符合。共享经济以科学技术作为基础，科学技术在社会生产中的应用可以推动生产力的进步，扩大劳动对象的范围，提高劳动者的劳动性能。此外，共享经济还可以协调价值创造与价值分配的问题。共享经济与经济学中的交易成本理论一脉相承，共享经济有利于实现市场经济的利润最大化。共享经济强调人人参与，倡导公平，符合公平理论。

共享经济为旅游业的发展创造了新的机遇，具体包括优化旅游资源配置、激活旅游新业态升级、平衡旅游资源供需关系等。

（一）优化旅游资源配置

共享经济以互联网技术和大数据技术作为基础，构建了虚拟平台，将闲置的社会资源发布到在线虚拟平台上，使其进行有效流转和分享使用，从而有效提升了社会资源利用率，促进新的经济形态的生成。对旅游业来说，共享经济理念下，可以将分散的旅游资源进行整合，构建完善的旅游资源产业链，从而对旅游部门私有产权的局限性进行弥补。共享经济理念下建立的专门的旅游资源共享平台，打破了传统旅游市场存在的信息壁垒，从而实现了旅游业资源的优化配置，极大地提升了旅游消费者的权益，提升了旅游消费者获得信息的便利性，使旅游消费者能够获得更为通畅的旅游信息。例如，现阶段我国旅游风

---

① 杨樨. 推进共享旅游高质量发展研究 [J]. 现代商业,2020(14):21.

景区免费对外开放，这些旅游信息经由网络虚拟平台进行传播，使旅游消费者可以根据具体的时间和需求到旅游景区进行游览。而旅游消费者的到来不仅提高了旅游景区资源的使用率，还能够有效带动景区周边的消费，激活景区附近的旅游资源，在满足旅游消费者旅游需求的同时，有效促进景区当地旅游经济效益的提高。

（二）激活旅游新业态升级

共享经济为旅游景区和旅游服务提供商开辟了全新的旅游服务渠道。共享经济激活了旅游景区及其附近地区的闲置资源，在客观上推动了旅游供给侧结构性改革。在传统旅游行业中，由于旅游信息壁垒的存在，旅游消费者和旅游景区、旅游服务提供商之间存在较大的信息壁垒。而在共享经济条件下，旅游消费者和旅游景区、旅游服务提供商之间的信息壁垒被打破，旅游消费者可以较为便捷地获得各种旅游信息，为旅游消费者个性化旅游需求的满足奠定了基础。近年来，随着我国社会主义市场经济改革的深化，人们的物质生活水平和精神生活品质获得了较大提升，旅游消费者的旅游需求开始朝着多样化的方向发展，从而有效地催生了自驾游、休闲游、生态旅游等多种形式的旅游业态，极大地丰富了旅游内涵，在一定程度上推动了旅游消费者的个性化旅游需求。

旅游者的消费行为模式大致可以划分为两种，即"需求—动机—行为"模式和"刺激—反应"模式。其中，"需求—动机—行为"模式是指旅游消费者现实和理想之间的差异促使旅游需求的产生，进而推动旅游需求动机的出现，最终促使旅游消费者产生具体的旅游购买行为。旅游消费的"刺激—反应"模式是指所有人均为潜在旅游消费者，在受到相应的旅游信息或旅游营销刺激后会产生一系列旅游消费行为。从以上两种旅游消费者的消费行为来看，旅游消费者的消费行为是旅游消费者在受到外界环境刺激以及自身心理的双重影响下，对旅游信息的分析、决策、购买、消费和评价的行为。共享经济背景下，旅游消费者的行为产生了一定变化，具体表现在三个方面。

1. 旅游消费者的消费行为朝着个性化、定制化方向转变

共享经济是对闲置资源的调配，在一定程度上能够起到平衡社会供需矛盾、减少社会资源浪费的效果。共享经济下，旅游消费者获得的旅游资源极其丰富，面对海量的旅游信息，旅游消费者在获取这些信息、制定旅游规划时，会自主选择适合旅游消费者需求的信息，自动淘汰不符合需求的信息。在这一

过程中，旅游消费者的消费行为朝着个性化和定制化的方向转变，海量的旅游信息使得旅游消费者有能力制定个性化的旅游路线。旅游消费者消费行为的个性化和定制化使得旅游市场上的供求关系发生了变化。其中，中低端的旅游产品和服务处于供求过剩现象。旅游消费者的个性化和定制化使得旅游景区和旅游服务提供商不能再为所有旅游消费者提供类似或雷同的旅游产品和服务，而应该针对不同的旅游消费者群体为其提供与该群体更符合的旅游信息。

2. 旅游消费者的消费行为更加理性

共享经济下，由于旅游行业之间的信息壁垒被打破，旅游消费者能够较为便捷地获得旅游信息，在进行旅游产品和服务购买时，旅游消费者还可以货比三家，从中选择性价比最高的旅游方案，这使得旅游消费者的消费行为更加理性。旅游消费者在进行旅游产品和服务决策时，价格不再是唯一的衡量标准，旅游消费者在购买旅游产品和服务之前，通常还会对拟购买的旅游产品和服务进行详细了解，尤其是对已购买该产品或服务人群的评价进行浏览。如果一家旅游景区仅仅依靠低廉的价格吸引客户，旅游产品或服务并不能为旅游消费者带来良好的体验，那么，旅游消费者就会在该旅游景区的评价区对其做出相应评价。其他旅游消费者在购买该景区的旅游产品和服务时会绕开不良评价率较高的旅游景区，而选择旅游评价较好的旅游产品和服务，由此可见，旅游消费者的消费行为更加理性。

3. 旅游消费者的消费趋向日常化

共享经济极大地降低了旅游门槛。共享经济下，旅游消费者获得旅游资源的成本大幅下降，其中，时间成本、出行成本、门票成本均呈现出下降趋势。共享经济下，旅游消费者足不出户即可借助手机、电脑等互联网终端设备获取旅游信息，降低了旅游消费者获取旅游信息的时间成本；共享经济下，共享汽车等业务的出现使得旅游消费者只需出具较少的费用即可获得便利的交通工具，或不需要借助公共交通工具，无须跟团费用，通过自驾即可到达旅游目的地，降低了出行成本；许多旅游景区免费对外开放，使得旅游消费者的门票成本大大降低。除此之外，旅游景区或旅游服务提供商借助在线共享平台进行旅游信息传播，客观上降低了传统旅游景区或旅游服务提供商的成本，进一步降低了旅游景区的门票价格和旅游服务提供商的产品和服务价格，促使旅游消费者的消费成本降低，这些均推动了旅游消费的日常化发展。随着人们生活水平的提高以及个性化和定制化旅游的出现，旅游消费活动朝着日常化趋势发展。

共享经济背景下，旅游企业或旅游服务提供商可以根据旅游消费者的行为模式制定出相应的营销策略，不断创新旅游产品和服务，使其适应旅游消费者的需求，进而推动旅游新业态的升级。具体来说，共享经济背景下，由于旅游消费的个性化、定制化、理性化和日常化发展，促使旅游景区或旅游服务提供商对旅游消费人群进行细分，并根据不同旅游消费人群的喜好，为其提供符合需求的商品，以满足旅游消费者多样化的需求。由于共享经济时代，旅游消费者在线购买旅游产品或服务后在旅游活动结束后可以对相关服务进行评价，因此，旅游景区和旅游服务提供商需要不断创新和提高旅游服务质量，以获得旅游消费者的好评。这一现象促使旅游行业的服务质量不断提升，为旅游行业业态升级奠定了基础。

（三）平衡旅游资源供需关系

传统旅游活动中，由于旅游行业和旅游消费者之间的信息处于严重不平衡状态，旅游消费者获得旅游信息需要借助旅行社等中介机构，或通过阅读报刊、电视、广播等传统大众媒体上刊登的旅游景区广告来获得相关旅游信息。然而，有实力的旅游景区才能在传统媒体上刊登广告，或与旅行社合作开辟多条旅游线路，而新开的旅游景区或规模较小、实力较差但风景优美的旅游景区由于宣传渠道较窄，旅游信息较难被公众所获知，因此，造成旅游行业的信息壁垒严重。在这种状况下，一些知名度较高的热门景区通常是旅游消费者在节假日的旅游目的地首选，而一些知名度较低，规模较小、实力较差但风景优美的旅游景区受限于知名度和传播力，即便在节假日期间也常常出现门可罗雀的现象，使旅游市场呈现出严重的旅游资源失衡的现象。

共享经济模式下，旅游景区、旅游消费者、政府、旅游目的地居民、旅游服务提供商之间的信息壁垒被打破，旅游消费者不再需要通过旅行社等中介机构即可获得旅游资源，旅游景区、旅游目的地居民、旅游服务提供商也无须通过中介机构即可获知目标消费者的精准画像，并对目标消费者进行分类，按照他们的需求打造相应的产品和服务。旅游景区和旅游服务提供商可以在公开网络平台发布吃、住、行、游、购、娱等有关信息，旅游消费者则根据自身意愿在平台上选购心仪的旅游产品和服务，从而有效地推动旅游资源的供需关系走向平衡。

三、共享经济下旅游业发展策略

共享经济为旅游业资源配置的优化、旅游业态升级以及旅游资源供需关系平衡等起着重要的推动作用。在共享经济下，推动智慧旅游发展可以从以下几个方面着手。

（一）创新旅游业共享经济模式

共享经济为旅游业发展模式创新奠定了基础，共享旅游经济创新模式主要包括共享出行、共享住宿、共享饮食、共享游览。

1. 共享出行

智慧旅游背景下的共享出行是指旅游出行方面，通过共享交通工具的方式实现的智慧出行服务。共享出行适合短途旅游或满足旅游消费者在目的地的出行服务。在短途旅游领域，短租自驾平台是共享出行的主要表现形式。共享出行服务的出现为旅游消费者的出行提供了便利，不仅减少了旅游消费者的出行费用，还使旅游消费者有机会和司机建立社交关系。旅游消费者在确定旅游目的地后，可以借助手机、平板、电脑等智能终端设备在共享出行服务平台上租借车辆或预约出行服务，为旅游消费者提供个性化、多样化的出行服务，以满足旅游消费者便捷、低价出行的需求。共享出行服务平台通过将社会上闲置的私家车和司机聚集起来，通过共享的方式为包括旅游消费者在内的公众提供短途乘车或包车服务。共享出行方式的出现，需要政府及时出台共享出行服务平台的相应政策和法规，确保共享性的交通方式有序发展，以保障乘客的信息和出行安全。

2. 共享住宿

共享住宿是指旅游景区所在的城市打破了传统意义上的酒店住宿行业壁垒，充分利用旅游目的地所在城市的闲置住房和闲置人员资源推广非标准住宿产品，拓展和完善旅游目的地住宿产业链，对旅游目的地的住宿资源进行优化配置。旅游消费者确定目的地和旅游行程后，通过共享住宿平台即可在线预订民宿服务。对旅游消费者来说，共享住宿一方面可以节约旅游费用，另一方面可以结识旅游目的地当地居民，尽快融入当地生活，切实体验当地民俗风情，增强个性化旅游体验；而对于旅游目的地居民来说，一方面可以增加收入，另一方面可以结识来自全国各地的旅游者，增强社交能力；对于旅游目的地的旅游行业来说，则可以完善当地的旅游产业链，为旅游消费者提供具有个性化和特色化的住宿服务，增强旅游目的地城市的核心竞争力。

值得注意的是，旅游目的地城市在推广共享住宿产品时应树立行业标准，建立行业规范，同时为了切实保障旅游消费者的利益，政府旅游管理部门和旅游行业协会组织应联合多方信用体系、公安信息系统、银行信用体系、第三方个人信用评级机构等建立完善的公民信用评价和监管体系，确保租房者和住房者在进行产品购买和服务时进行实名认证，避免不法行为的出现。

3. 共享饮食

共享饮食是指旅游景区所在的城市打破了传统意义上的餐饮行业壁垒，发展非标准饮食产品。非标准饮食产品一般多为旅游目的地当地的特色食品，推动了家庭厨房的发展。在共享饮食理念下，社会上已出现了饮食类应用软件，这些应用软件以体验当地正宗美食、体验当地生活文化为宗旨，为旅游消费者提供特色饮食。共享饮食将当地闲置人员集中起来，作为展现当地特色饮食文化的窗口。对旅游消费者来说，共享饮食的出现，满足了其对旅游目的地饮食产品个性化、特色化的需求。旅游消费者从常住地到旅游目的地进行旅游，在欣赏旅游目的地特色风景的同时，还期望能够感受旅游目的地的特色风俗习惯。饮食习惯是风俗习惯的表现形式之一，共享饮食，一方面，为旅游消费者提供了深入接触和品尝旅游目的地特色饮食的机会。不只品尝旅游景点周围的街边菜和适应旅游消费者口味的改良特色菜，而是深入到当地居民家庭中品尝当地的家庭菜，体验当地特色饮食文化。另一方面，共享饮食的方式使旅游消费者能够深入旅游地居民家中，获得当地旅游资讯，并与当地居民建立社交关系。对旅游目的地城市来说，共享饮食可以拓展当地的旅游餐饮产业链，推动旅游经济的发展。

值得注意的是，在推广共享饮食的过程中，旅游目的地城市和旅游主管部门应与当地的食品药品监督局、卫生监督局等部门协作，共同出台家庭对外餐饮服务规范，要求共享饮食家庭人员办理健康证、食品经营许可证等，以保障旅游消费者的饮食安全，规范当地旅游餐饮服务。

4. 共享游览

共享游览是相对于传统旅行社的导游服务而言，传统旅行社的导游服务缺乏灵活性，不能适应智慧旅游背景下旅游消费者的个性化需求。而智慧旅游景区的智慧导览服务则刚刚兴起，仅能在一定的景点范围内为旅游消费者服务。共享游览则是将旅游目的地闲置的人力资源集中起来，为旅游消费者服务。近年来，旅游消费者不再追求千篇一律的景区服务，不再满足于走马观花式的游览方式，而是开始追求通过特色化、个性化的旅游路线规划和向当地居民向导详细地了解旅游目的地的文化和特色。在特色旅游消费需求的刺激下，共享游览软件纷纷出台。这种软件上集中了大量有闲暇时间的旅游目的地居民。旅游消费者在进行旅游规划或到达旅游目的地后，根据自身的性格、兴趣、爱好、职业以及不同层次的需求，选择不同特长的当地居民担任导游，为旅游消费者提供制定特色旅游路线、引导服务、交通出行以及其他细节化的服务。共享游览，一方面满足了旅游消费者的个性化、特色化旅游需求，另一方面为旅游消费者与当地居民建立社交关系提供了便利。

　　值得注意的是，旅游目的地城市在推广共享游览的同时，应及时建立专门的政府服务资源网站，出台相应的法律法规对旅游目的地居民的导游服务进行规范，维护旅游地居民和旅游消费者双方的利益。

　　（二）建立完善的共享旅游市场监管制度

　　共享旅游不同于传统的旅游活动，呈现出参与主体多元化、旅游服务个性化、建立社交关系等特点。共享旅游的出现，不仅对旅游业的各个参与主体产生了较大影响，而且带来一系列现实问题，其中主要包括安全问题、信任机制缺失、监管任务艰巨等。安全问题是共享旅游面临的首要也是最为重要的问题之一。例如，共享出行服务中由于缺乏完善的安全保障措施，致使乘客的人身安全受到威胁。又如，共享出租服务中的住房质量安全、卫生安全问题等均使旅游消费者面临着安全威胁，也制约着共享出租行业的发展。信任机制的完善是一个行业得以健康发展的前提，共享旅游离不开诚信的保障，然而，现实共享旅游活动中，存在不诚信、不道德的行为。例如，共享单车的出现为旅游消费者在旅游目的地的出行提供了便利，然而，在共享单车的使用中出现了破坏车锁、破坏二维码，甚至直接偷车的不良现象，严重损害了共享单车公司的利益，不利于共享出行经济的推广。

　　因此，在发展共享旅游经济时，应做好各个共享环节的动态监管工作，从共享旅游产品和服务的生产加工、技术工艺、市场销售、售后服务等多个方面入手，建立完善的共享旅游市场监管制度，明确共享旅游各个利益方的责任与义务，切实推动共享旅游市场的健康、有序发展。此外，还应进一步完善共享旅游信用机制，建立完善的共享旅游诚信体系，提升共享旅游模式下旅游资源供需双方的诚信透明度，确保旅游消费者的合法权益。

第二节　旅游发展新业态——虚拟旅游

虚拟旅游是以虚拟现实技术为基础的新生旅游业态。虚拟旅游产生于 20 世纪 80 年代，经过数十年的发展，虚拟旅游取得了一定的成就，然而仍然处于初始发展阶段。本节主要对虚拟旅游产生的背景、虚拟旅游的特点和意义、虚拟旅游的发展趋势等几方面进行详细分析。

一、虚拟旅游产生的背景

虚拟旅游是与实地旅游相对的概念，是旅游与信息融合的产物。虚拟旅游的产生和发展建立在特定的技术背景、社会文化背景、体验经济背景等基础之上。

（一）虚拟旅游的技术背景

虚拟旅游主要以虚拟现实技术作为技术基础。虚拟现实技术即 Virtual Reality（VR），又称为人工现实、灵境、虚拟环境、电脑空间等。虚拟现实技术最早起源于 1965 年，美国麻省理工学院的萨瑟兰（I. E. Sutherland）提出了头盔式三维显示将是图形显示的理想模式。20 世纪 80 年代，被称为"虚拟现实之父"的美国学者杰伦·拉尼尔（Jaron Lanier），在其出版的《虚拟现实》一书中对虚拟现实的定义进行了全面阐释，提出了虚拟现实的初步概念。作为一种新技术，虚拟现实自其诞生以来即受到中西方学者的广泛关注，许多学者从不同角度对虚拟现实的定义进行分析。仅在杰伦·拉尼尔的《虚拟现实》一书中，即收录了西方学者对虚拟现实提出的 50 多种定义。虚拟现实是一种多学科交叉的综合技术，主要包括实景表达技术、全方位景图虚拟技术、三维建模方法、数字地球技术等。简单来说，虚拟现实是一种利用以计算机为中心的现代技术生成的能给人以多种感官刺激的人际交互系统。从虚拟现实的定义来看，虚拟现实的内涵包括两个方面：一方面，虚拟现实是一种以计算机技术生成的能对人进行感官刺激的虚拟环境，通过触发人类的听觉、视觉、触觉、嗅觉等感觉器官，从而使人类产生沉浸体验；另一方面，从本质上来看，虚拟现实系统的核心是人机交互，通过人与机器的互动满足人类的各种互动体验。

虚拟现实作为一种新型人机交互界面，是以客观现实性作为出发点，将人类的经验、知识和创造性进行融合，借助虚拟现实集成技术形成逼真的三维环境，从而使主体获得身临其境的感觉。虚拟现实技术不是对现实的复制和再现，而是对现实的超越。虚拟现实具有多感知性、沉浸性、交互性、构想性、遥在性等特点。根据用户参与虚拟现实的形式和沉浸程度的不同，虚拟现实技术可以划分为桌面虚拟现实、高级虚拟现实、增强现实性的虚拟现实、分布式虚拟现实等类型。

（二）虚拟旅游的社会文化背景

旅游是人类社会、经济、文化发展到一定阶段的产物，旅游具有消遣性、享受性和综合性的特点。旅游的产生和发展均与社会经济和文化存在着密切关系。当前，我国已进入大众旅游时代，越来越多的公众将旅游作为日常休闲活动之一。在大众旅游时代，旅游成为社会休闲文化的重要组成部分，随着人们的旅游经验越来越丰富，人们不再满足大众化的旅游目的地和旅游体验，而是追求个性化和特色化的旅游体验。除了实地旅游之外，借助虚拟技术，人类可以实现在现实生活中无法便捷获得的旅游体验。从这一角度来看，虚拟旅游的产生与发展与大众时代的多样化旅游需求之间存在着直接的因果关系。

（三）虚拟旅游的体验经济背景

体验经济的概念诞生于 20 世纪末期，由约瑟夫·派恩二世（B.Joseph Pine Ⅱ）和詹姆斯·吉尔摩（James H. Gilmore）在《体验经济》一书中提出。在这本书中，约瑟夫和詹姆斯指出，体验是企业以服务为舞台、以商品为道具，围绕着消费者，创造出值得消费者回忆的活动。体验经济的商品是有形的，服务是无形的，而创造出的体验是令人难忘的。[①]体验经济以触发人类的心灵为要旨，具有非生产性、短周期性、互动性、不可替代性、映像性、非免费性和高增值性的特点。体验经济的核心为"体验"，突出消费者的感受，个体的体验受个体的年龄、知识、学历、经济、社会角色、地位等外在因素和个体内在因

---

① 段红艳.体育旅游项目策划与管理［M］.武汉：华中师范大学出版社，2017：16.

素的影响，个体与个体之间的体验具有较大的差异性。从这一角度来看，体验具有个体性的特点。在体验经济时代，个体不再满足于单纯的商品或服务，而是强调在购买商品或服务的过程中的感受或体验。在现代社会，消费者对体验的需求越来越强烈，为了满足消费者的需求，越来越多的企业注重销售体验，希望借助良好的产品或服务体验给消费者留下愉快的回忆，为企业产品和服务增值。旅游活动是一种审美活动，强调个体在旅游过程中的审美和体验。旅游的过程即是人们求新、求异、求奇、求美和求知的重要过程，从这一视角来看，旅游本身即是一种体验经济。

虚拟旅游作为一种以现代信息技术为核心的新型旅游方式，能够极大地满足人们求新、求异、求奇、求美和求知的需求，满足人们的体验需求。由此可见，体验经济是推动虚拟旅游发展的重要因素。

二、虚拟旅游的特点和意义

虚拟旅游是基于传统旅游背景，利用虚拟现实技术，构建的一个虚拟的三维立体旅游环境。虚拟旅游不同于实地旅游，旅游者足不出户就能观赏千里万里之外的风光美景，满足旅游者的旅游需求，使旅游者获得独特的旅游体验。

（一）虚拟旅游的特点

虚拟旅游与现实旅游相比具有交互性、沉浸性、自主性、便捷性、安全性、经济性、超时空性、可持续性的特点。

1. 交互性

交互性是虚拟现实技术的主要特点，也是虚拟旅游的重要特点之一。所谓交互性，即是指用户对模拟环境内物体的可操作程度和从环境得到反馈的自然程度。[1] 虚拟旅游是以计算机虚拟现实技术为核心，借助 VR 设备等传感终端设备构建人机交互界面，其中，计算机系统能够实时捕捉和描绘人的感觉器官的变化，增强旅游消费者与虚拟世界的沟通，使旅游消费者获得独特的旅游体验。

虚拟旅游中的交互性主要表现在两个方面，一方面，旅游消费者在使用虚拟旅游设备的过程中并非被动地、静态地独立于景观之外，对景观进行欣赏，

---

① 吴国清，申军波. 智慧旅游发展与管理 [M]. 上海：上海人民出版社，2017：220.

而是借助 VR 终端的各种设备参与其中，与虚拟景物发生作用，从而使参与用户获得身临其境之感；另一方面，旅游消费者在进行虚拟旅游的过程中，可以与导游或其他虚拟旅游的参与者进行交流，借助其他虚拟旅游参与者的经历或感悟丰富自身的旅游体验。

2. 沉浸性

沉浸性是虚拟现实技术最主要的特点。虚拟现实技术沉浸性特点的原理是借助计算机技术创建三维数字模型，从而在虚拟世界营造出高度还原现实世界的虚拟空间，从而使人们在这一虚拟空间中产生真实感。虚拟现实技术的沉浸性是建立在用户在虚拟世界中的感官感知觉系统之上的，虚拟世界中的沉浸主要包括视觉沉浸、听觉沉浸、触觉沉浸、嗅觉沉浸、味觉沉浸以及力觉感知沉浸等。

在虚拟旅游中，用户借助旅游目的地美丽的风景图像、真实世界中的各种声音、能够营造画面感并触发用户心灵的文字等多种感知方式，充分激发旅游消费者的视觉、听觉、触觉、嗅觉、味觉、力觉等综合感官系统，从而使用户产生身临其境的感受，获得丰富的旅游体验。

3. 自主性

自主性是指旅游用户使用虚拟 VR 系统中的各种模型和规则进行自主运动。虚拟旅游的自主性是指旅游消费者可以自主选择旅游时间、地点、方式和途径，以及是否交流和沟通等。旅游用户在进行虚拟旅游体验时的自主选择旅游时间是指旅游用户可以自主选择何时开始进入虚拟旅游空间，何时退出虚拟旅游空间。虚拟旅游地点的自主性是指旅游用户在开展虚拟旅游活动时，可以自主选择虚拟旅游的目的地，还可以选择某个旅游目的地中的某一个景点等。虚拟旅游方式的自主性是指虚拟旅游活动中，旅游用户可以自主选择不同的视角开展旅游活动，还可以自主选择是否需要导游，是否与他人同行或交流等。

4. 便捷性

虚拟旅游的便捷性特点，是指虚拟旅游活动与现实世界中的真实的旅游活动相比，具有便捷性。人们在现实世界中开展真实的旅游活动时，需要考虑各种现实因素，例如，出行的时间、地点、人员、工作和生活安排、交通状况、天气状况、旅游者自身的身体素质状况、同行者的身体素质状况、旅游景区的参观状况，等等。此外，还需提前预订旅游门票、住宿等。在现实世界中，受日常工作和生活的束缚，人们常常在节假日期间出行，因此，节假日期间景区附近的道路以及景区内部景点常常拥堵，为人们的旅游活动带来不良体验。除此之外，当人们利用难得的假期开展旅游活动时，如果遭遇不良天气，则会降低旅游体验质量。而虚拟旅游则不需考虑外界的干扰因素，相对较为便捷，虚拟旅游用户只需准备好虚拟终端设备和目的地景区的虚拟应用即可开展旅游活动。从这一角度来看，虚拟旅游具有较强的便捷性特点。

5. 安全性

旅游活动是一种存在一定风险的社会活动，旅游活动的风险体现在多个旅游环节方面。例如，旅游交通方面，旅游消费者在现实世界中的真实旅游过程中存在发生各种交通事故的风险性；在旅游景区中，旅游消费者存在遭遇地震、泥石流、台风等极端风险，以及由于旅游景区设施维护不当或设施陈旧、老化而产生风险的可能性；在旅游住宿、餐饮以及娱乐过程中，旅游消费者还存在住宿安全、饮食安全、娱乐安全、隐私安全等风险。与现实世界中的真实旅游活动中存在的种种风险相比，虚拟旅游的安全性较高。

6. 经济性

经济性是指虚拟旅游与现实世界中的真实旅游相比，费用相对低廉。现实世界中真实的旅游活动需要花费旅游消费者大量的精力进行旅游规划，还要承担旅游交通、旅游住宿、旅游饮食、旅游门票、旅游娱乐、旅游产品和服务、旅游保险等多种费用。除此之外，当遭遇极端天气耽误行程或回程时间时，旅游消费者还需承担误工费等损失。与现实世界中的真实旅游费用相比，虚拟旅游活动无须进行旅游交通、住宿、门票、保险等花费，只需花费少量虚拟服务费用，即可获得较为真实的旅游体验。从这一角度来看，虚拟旅游具有较强的经济性特点，大大降低了旅游成本。

7. 超时空性

虚拟旅游是通过人机交互模式，将现实社会中的真实旅游景区虚拟化，为虚拟旅游者提供真实的旅游体验。然而，虚拟旅游并不是对真实旅游的单纯复制或再现，还可以借助计算机技术将历史上真实存在过、然而在现实世界中已经被摧毁的文物或古代建筑，在虚拟世界中呈现出来，为虚拟旅游用户提供跨越时空的旅游体验。旅游消费者不仅可以对现实社会中的真实景区进行参观，还可以进入虚拟的古代建筑或文物空间进行参观。除了修复古代建筑或文物外，虚拟技术还可以对现代景区建筑进行预测，并呈现出若干年后该景区建筑或文物的未来状态。另外，借助虚拟技术，虚拟旅游者可以进入现实生活中不可能进入的景观空间参观。例如，进入某一个微观景物或历史文物中进行参观，或进入外太空参观等，以此获得个性化的、独特的旅游体验。

8. 可持续性

可持续性是从旅游景区环境的可持续发展角度而言的特点。现实世界中，真实的旅游景区的旅游者人数受景区空间容量、生态容量、心理容量等限制。如果旅游景区在一段时间内旅游者人数过多，就会对旅游景区的环境生态、旅游设备等产生过度损耗，不利于旅游景区的长期可持续性发展。而虚拟旅游则是一种足不出户即可对旅游景区进行游览的方式，这种旅游方式不会对现实世界中的旅游景区产生影响，因此，在一定程度上有利于推动旅游景区的可持续发展。例如，敦煌、布达拉宫等作为我国具有较强历史文化特色的旅游景区，每年吸引大批游客前往旅游，然而这些旅游景点的游客承载能力较弱，在现实世界中无法满足所有旅游消费者的游览需求。如果旅游消费者数量过多，则会对这些旅游景区产生不可逆转的破坏，而虚拟旅游的出现在一定程度上缓解了这类景区的游客承载压力，促进了旅游景区的可持续发展。

（二）发展虚拟旅游的意义

虚拟旅游与传统的实地旅游相比，能够起到释放旅游潜能、开发旅游客源市场、开拓旅游资源宣传和销售途径等优势。虚拟旅游与传统实地旅游之间并不相互冲突，而是能够相互补充。旅游活动作为一种休闲活动，旅游消费者在这一活动中所获得的旅游体验具有丰富性的特点。虚拟旅游虽然能够获得部分旅游体验，然而不能替代实地旅游所获得的全部旅游体验，因此，传统实地旅游与虚拟旅游看似为竞争关系，实则并不冲突。与之相反，虚拟旅游在一定程度上能够激发消费市场，释放旅游资源，开发旅游客源市场。一些旅游景区或旅游服务商在为旅游消费者提供虚拟旅游体验时，常常会利用之前下载好的虚拟旅游应用让旅游消费者体验或观看。这些虚拟旅游应用所播放的视频通常具有片段性的特点，能够充分激发旅游消费者的旅游体验欲望，然而，由于虚拟场景的片段性，旅游消费者如果想要获得完整的消费体验，那么，就必须或者购买完整的虚拟旅游体验，或者进行实地旅游，从而起到开发旅游客源市场的作用。旅游景区或旅游服务提供商还可以以虚拟旅游作为用户体验平台，让旅游消费者更加立体化地了解旅游产品和服务，激发旅游消费者强烈的旅游体验欲望，促进旅游资源的宣传与销售。

虚拟旅游是旅游业和互联网技术的结合，在智慧旅游背景下，虚拟旅游成为近年来旅游行业的新业态，并获得了快速发展。虚拟旅游的出现对智慧旅游的发展起着十分重要的作用。主要表现在以下两个方面。

1. 虚拟旅游为旅游管理提供了新思路

虚拟旅游以现实世界中的真实旅游场景为基础，旅游用户在进行虚拟旅游时可以自主选择旅游产品和服务，而旅游景区或旅游服务提供商通过旅游用户对旅游产品和服务的选择和评价，能够收集旅游用户的信息，并在旅游用户退出虚拟旅游活动后全面地获得旅游用户的游览轨迹和游览习性，从中对旅游消费人群进行细分，了解他们的喜好，在现实世界中完善和创新旅游产品和服务。

2. 虚拟旅游为旅游和景区的营销提供了新思路

虚拟旅游作为一种新型旅游形式，以安全性高、便捷性强、超时空性、经济低廉等特点受到年轻旅游消费群体的关注。这些旅游消费群体追求个性化、特色化的旅游体验服务，家庭负担小，具有较为充裕的时间，是旅游市场上的潜在旅游消费主力人群。这些旅游消费群体往往不满足于单纯的现实世界的真实旅游体验或单纯的虚拟旅游体验。旅游景区或旅游服务提供商借助虚拟旅游可以对这些旅游用户开展旅游营销，以虚拟旅游带动现实世界中的实地旅游。

三、虚拟旅游的发展趋势

虚拟旅游的基本构成包括信息查询、虚拟景观游览系统和虚拟旅游社区，这三方面也是虚拟旅游未来需要完善之处。

（一）信息查询

虚拟旅游信息查询和检索程序能够帮助虚拟旅游用户获取旅游目的地较为全面的信息，帮助虚拟旅游用户将虚拟旅游产品和服务与现实世界中的实地旅游活动进行对比，为其在虚拟旅游活动中选择相应的产品和服务提供便利。例如，虚拟旅游用户可以在虚拟旅游平台上搜索旅游目的地的门票、住宿条件、特色饮食以及旅游景区内部或周边的娱乐信息。此外，虚拟旅游用户还可以在现实世界中的其他搜索平台上对这些信息进行搜索，并在进行虚拟旅游体验后对这些信息进行评价，从而推动旅游活动良性发展。从这一角度来看，虚拟旅游信息查询是智慧旅游发展中不可或缺的环节，也是未来虚拟旅游活动需要完善的环节。

（二）虚拟景观游览系统

虚拟景观游览系统是整个虚拟旅游系统的核心，是虚拟旅游系统吸引旅游者参与的关键。虚拟景观游览系统以计算机系统的硬件设备和软件设备作为支撑结构，通过计算机和各类先进的传感器虚拟成一个感性和理性相结合、定性分析和定量分析相结合的全面捕捉信息的人工虚拟环境。虚拟旅游者借助虚拟系统中的虚拟 ID 进入虚拟系统界面。在这一过程中，虚拟旅游者可以选择自行进入或通过导游引导进入。进入系统后，虚拟旅游者可以借助虚拟旅游地图的导航系统，沿着之前预订的旅游路线到达旅游目的地。之后，虚拟旅游者可以选择不同的视角对景观进行观察，也可以在导游的引导下选择浏览路线或视角，对景观进行或静态或动态的观察。在这一过程中，虚拟旅游者还可以选择参与并融入旅游信息环境中，获得身临其境的浏览体验。除了景区内的旅游景点之外，旅游消费者还可以选择到旅游景区内部或周边的小吃店、古玩店或各种商品店、民宿等地进行游览，在此过程中，可以获得丰富的景观体验。

（三）虚拟旅游社区

所谓社区，是指众多兴趣、爱好或理想相同的人聚合在一起，共同形成的聚合地。虚拟旅游社区则是虚拟旅游爱好者借助互联网形成的虚拟空间。在这一虚拟空间中，虚拟旅游爱好者们可以围绕某一旅游话题进行深入而广泛的交流，例如，旅游攻略的制定、旅游经验的分享、旅游线路的选择、旅游门票的订购以及与虚拟旅游相关的旅游景点，及其附近的交通、食宿等话题。这些专业话题的交流能够为虚拟旅游爱好者营造较强的归属感，有利于虚拟旅游爱好者升华旅游感受。虚拟旅游社区不仅能够为虚拟旅游爱好者提供共同的讨论话题，营造良好的氛围，还能够在精神上对虚拟旅游爱好者进行抚慰。虚拟旅游爱好者借助在虚拟社区的互动与分享，一方面能够与社区内其他虚拟旅游爱好者建立良好的社交关系，这种社交关系不仅可以存在于虚拟社区中，还可以延伸到现实生活中；另一方面还可以缓解虚拟旅游爱好者的工作和生活压力，为其心灵和情感提供较强的归属感。

综上所述，虚拟旅游是智慧旅游背景下产生的一种全新的旅游业态，这种旅游业态为旅游消费者提供了全新的、个性化的旅游体验，在可预见的未来将会获得更大的发展。虚拟旅游的出现推动了智慧旅游的发展，对旅游管理提出了新的挑战。未来，无论是政府旅游管理部门，还是旅游景区或旅游服务商，都应将虚拟旅游纳入旅游管理体系，只有这样，才能推动旅游行业的健康、有序发展。

第三节　旅游发展新业态——在线旅游

在线旅游是随着移动互联网技术的发展而兴起的一种旅游新业态，本节主要对在线旅游的定义和特点、在线旅游在我国的发展等方面进行详细分析。

一、在线旅游的定义和特点

所谓在线旅游，又称电子旅游，是随着互联网技术和移动互联网技术的发展以及其与旅游业的融合发展而产生的一种新型旅游业态。在线旅游作为新型旅游业态兴起后，我国学者从不同角度对在线旅游的定义进行了概括。

在线旅游并非指在线上或借助网络技术进行旅游或旅行，从旅游消费者的角度来看，在线旅游是旅游消费者通过借助在线旅游服务提供商所创建的旅游平台，订购旅游产品或服务的一种旅游消费方式；而从在线旅游服务提供商的角度来看，在线旅游是旅游服务提供商通过依托互联网或移动互联网技术向旅游消费者提供旅游信息、旅游产品和服务的订购、旅游体验评价等功能的集线上咨询和购买、线下消费和体验于一体的全新旅游业态。从这两个定义来看，在线旅游能够为旅游消费者提供多方面的旅游服务，包括旅游信息搜索和查询、旅游产品和服务的预订以及旅游产品和服务的评价。

在线旅游不同于传统旅游，具有以下几个显著特点。

（一）线上与线下相结合的特点

传统的旅游方式为借助旅行社等中介机构来获取旅游信息，通过旅行社等中介机构购买旅游景区门票、预订住宿等，当旅游消费者到达旅游目的地后再进行线下门票购买。在线旅游方式则不同，其借助互联网信息技术将旅游产业链迁移到线上平台，旅游者足不出户即可在线浏览千里之外的旅游地信息，在线选择旅游目的地后，还可以在线预订、购买交通、景区门票、酒店、餐饮等产品或服务，从而对整个旅游行程进行规划，为旅游活动做好准备。之后，在预订的日期到来时，通过线下实践对线上预订或购买的旅游产品和服务进行使用或体验。由此可见，在线旅游是旅游消费者借助线上旅游平台了解、订购旅游产品和服务并对旅游产品和服务进行评价的方式。在线旅游不同于虚拟旅游，不能单纯地在线上实现旅游，而是需要与线下实地旅游相结合，才能形成完整的旅游体验。因此，线上旅游具有线上线下相结合的特点。

（二）产品丰富、信息透明的特点

自 2003 年以来，中国在线旅游平台上销售的旅游产品和服务越来越全面，几乎涉及整个旅游产业链。从旅游信息的传播，到旅游门票的预订、旅游交通的预订，以及酒店、餐饮、娱乐，甚至旅游签证的申请等各种形态的旅游产品和服务，均可通过在线平台购买。以旅游交通为例，旅游消费者在线确定旅游目的地后，可以自由选择出行方式。例如，乘坐公共交通工具汽车、火车、飞机，则可在线预订相应交通工具的车票或机票；又如，使用私人交通工具，可以选择自驾过程中所必备的产品，或通过在线租车解决交通出行。在线旅游平台产业链的完善使得在线旅游产品和服务的种类越来越丰富，信息越来越透明，价格合理，并不时推出各种折扣活动，从而在为旅游消费者提供便利服务的同时，极大地提升了旅游消费者的满意度。而旅游消费者满意度的提升，则通过在线评价体现出来，从而在业界形成良好的口碑，进而促使在线旅游平台朝着良性、健康的方向发展。

（三）促进旅游景区竞争的特点

传统旅游景区在信息传播上需要借助大众传播渠道进行传播，大众传播中的报纸、广播、电视等方式的信息传播范畴相对较小，除了全国发行的报刊和中央电视台和广播台之外，大多为地方媒体。这些地方媒体所传播的信息大多只在一定区域范围内传播，而线上旅游平台则不同。线上旅游平台以互联网技术作为基础，景区信息可以被世界上任何一个角落的公众所看到。因此，线上旅游平台的出现，极大地改变了传统大众媒体时代旅游信息的传播范围和传播方式。传统大众媒体时代，旅游景区的游客多为本区域内的游客，只有较少知名旅游景区的游客为全国甚至国际游客。而网络媒体时代，旅游景区进行线上传播时，其旅游产品和信息的传播范畴不只限于本区域，所吸引的游客也不仅包括本区域内的游客，还包括全国范围甚至国际游客。因此，线上旅游信息传播特点在客观上促进了旅游景区的竞争性。此外，近年来，我国旅游景区如雨后春笋般发展起来，新增了许多规模不等、各具特色的旅游景区，旅游景区的同质化越来越严重，客观上促进了旅游景区的竞争。

二、在线旅游在我国的发展

中国在线旅游是随着互联网技术的发展而逐渐发展起来的。早在 1999 年，我国的在线旅游市场逐渐兴起。然而，我国在线旅游市场的发展并非一帆风顺，而是呈现出曲折发展的态势。纵观中国在线旅游的发展历程，大体可划分为以下几个阶段。

第一阶段，即 1999～2003 年的探索期。

1999 年，在线旅游经销商出现，主要提供在线酒店预订业务。这一时期，由于互联网信息技术兴起不久，发展具有较强的不稳定性。例如，2001 年，由于互联网经济遭遇低谷期，2003 年，受疫情的影响，我国在线旅游行业在起步不久就遭遇了多次困境。由此可见，在线旅游行业作为一种线上线下结合的旅游新业态，其发展与线下旅游业的发展息息相关，对线下旅游业具有较强的依赖性和敏感性。

第二阶段，即 2004～2010 年的快速发展期。

2003 年，随着在线旅游网站的上市，中国在线旅游市场迎来正式启动期。之后，成立了一批在线旅游网站，极大地推动了我国在线旅游市场的发展。2006 年前后，传统旅游服务商纷纷成立了在线旅游网站，进驻在线旅游市场，进一步推动了我国在线旅游市场的启动。之后，随着我国国内外传统航空公司开通在线平台，我国在线旅游市场开始全面启动。自 2007 年以来，一大批在线旅游网站纷纷上市，使我国在线旅游市场迎来高速发展期。

第三阶段，即 2011 年至今的调整发展期。

自 2011 年以来，中国在线旅游竞争日趋激烈，在线巨头纷纷通过融资上市，线上旅游产业链越来越完善，行业划分越来越细，中国在线旅游获得了飞速发展。据《2020 年（上）中国在线旅游市场数据报告》显示，从 2009 年的 617.6 亿元到 2019 年的 9895.6 亿元，中国在线旅游市场规模呈现逐年增长趋势。其中，2015～2019 年中国在线旅游市场交易规模（增速）分别为 4 127 亿元、

5 779 亿元、7 426 亿元、8 750 亿元、10 059 亿元。2020 年上半年受疫情影响，中国在线旅游市场交易规模出现负增长。①从以上数据可以看出，在线旅游发展势头正猛。自 2020 年以来，受疫情的影响，线下旅游业遭受较大挫折，线上旅游也受到较大波及。除此之外，近年来，移动互联网技术的发展，以及移动互联网终端设备的成熟，推动中国在线旅游朝着掌上智能旅游时代发展。总体来看，中国在线旅游市场的发展呈现出方兴未艾的趋势。

---

① 齐泰恒．2020 年上半年中国在线旅游市场数据报告发布 [J]．计算机与网络，2020,46(20): 6-7.

参考文献

[1] 谢希钢，张志勇，江劲松，魏勇军，张平芳．管理学原理 [M].长沙：湖南科学技术出版社 , 2006.

[2] 王辉．智慧旅游 [M].清华大学出版社，2012.

[3] 黄羊山,刘文娜,李修福.智慧旅游面向游客的应用[M].南京: 东南大学出版社，2013.

[4] 徐静，李雪琴．旅游景区服务与管理 [M].天津：南开大学出版社 , 2013.

[5] 李云鹏，安金明，涂卫东，蒋骏，黄超．智慧旅游规划与行业实践 [M].北京：旅游教育出版社 , 2014.

[6] 张建春，陈亮．智慧旅游导论 [M].杭州：浙江工商大学出版社 , 2015.

[7] 张伟强．旅游资源开发与管理 [M].广州：华南理工大学出版社 , 2005.

[8] 刘慧．旅游管理理论与实践研究 [M].北京：中国金融出版社 , 2016.

[9] 董妍，孔清溪，吕艳丹．消费无国界：互联网时代的品牌传播与跨境消费 [M].北京：中国市场出版社 , 2016.

[10] 朱敏，熊海峰．互联网时代旅游的新玩法 [M].北京：知识产权出版社，2016.

[11] 姚国章．智慧旅游新探索 [M].长春：东北师范大学出版社 , 2016.

[12] 孔邦杰．旅游环境学概论 [M].上海：格致出版社 , 2017.

[13] 鲍润华．智慧旅游理论与实践研究 [M].成都：电子科技大学出版社 , 2017.

[14] 吴国清，申军波．智慧旅游发展与管理 [M].上海：上海人民出版社 , 2017.

[15] 张华，李凌．智慧旅游管理与实务 [M].北京：北京理工大学出版社 , 2017.

[16] 马海龙，杨建莉．智慧旅游 [M].银川：宁夏人民教育出版社 , 2017.

[17] 段红艳．体育旅游项目策划与管理 [M].武汉：华中师范大学出版社 , 2017.

[18] 常玲，赵滨，高秀艳.物联网系统设计开发方法与应用[M].长春：吉林大学出版社,2019.

[19] 黎巎.旅游大数据研究[M].北京：中国经济出版社,2018.

[20] 闻芳，杨辉.旅游学概论[M].镇江：江苏大学出版社,2018.

[21] 田里，李雪松.旅游管理学[M].沈阳：东北财经大学出版社,2018.

[22] 国家知识产权局学术委员会.产业专利分析报告（第65册）新一代人工智能[M].北京：知识产权出版社,2019.

[23] 路科，魏丽英.在线旅游发展及旅游业供应链演变研究[M].北京：冶金工业出版社,2019.

[24] 李云鹏.旅游电子商务[M].重庆：重庆大学出版社,2019.

[25] 吕琳露，李亚婷.基于游记主题挖掘与表达的旅游信息推荐研究[J].现代情报,2017,37（06）:61-67.

[26] 吕庭宇，曾智仁.行动定位服务之智慧型即时旅游资讯分享系统[J].明新学报,2011（2）：125-141.

[27] 张娟娟，宗乾进，袁勤俭，黄奇，汪侠.我国旅游管理学科研究热点、主题及方法演化[J].经济地理,2013,33（01）:173-179.

[28] 保继刚，赖坤.旅游管理学科内涵及其升级必要性[J].旅游学刊,2016,31（10）:14-16.

[29] 阚如良，杨小平，许国庆.基于游客消费行为的景区智慧管理研究[J].三峡论坛（三峡文学·理论版）,2016（02）:96-101.

[30] 陈莹盈.移动社交媒体旅游体验分享动机探析[J].厦门理工学院学报,2016,24（06）:87-93.

[31] 程圩，隋丽娜，张昱竹.网络游记对旅游者出游决策的影响分析[J].资源开发与市场,2016,32（03）:365-368.

[32] 蒋力.我国在线旅游市场的特点、问题及对策研究[J].中国集体经济,2017（03）:117-118.

[33] 曹丹.论共享经济对旅游业发展的影响及其应对[J].四川师范大学学报（社会科学版）,2017,44（01）:56-66.

[34] 赵晓芳.共享经济下旅游服务产品变革特征研究[J].生产力研究,2017（06）:117-120.

[35] 杨建容,杨李军.旅游攻略类 App 在自助游中的应用 [J].柳州职业技术学院学报,2017,17（03）:26-29.

[36] 王娅,白晓.LBS 位置服务在旅游服务中的应用分析 [J].江苏科技信息,2017（04）:63-64+78.

[37] 王攀藻.基于位置服务的智能旅游地图导航系统研究 [J].计算机科学,2017,44（S1）:575-576+586.

[38] 高宋.移动互联网对智慧旅游的影响初探 [J].电脑迷,2018（1）: 207.

[39] 刘德谦.中国旅游 70 年：行为、决策与学科发展 [J].经济管理,2019,41（12）:177-202.

[40] 禹登科,易滢滢.游客安全管理与社区警务融合的新模式——基于韶山社区警务的研究 [J].安徽警官职业学院学报,2019,18（05）:80-85.

[41] 邱原,朱文斌.信息化时代旅游警务机制探讨——以杭州西湖风景名胜区为例 [J].创意城市学刊,2019（04）:152-161.

[42] 张欣阳.面向"智慧旅游"的在线旅游服务优化升级 [J].南方农机,2019（10）:24.

[43] 贾琳珊.探究景区管理中游客管理的影响 [J].旅游纵览（下半月）,2019（16）:14+16.

[44] 吴秀沛,欧静.旅游景区游客不文明行为约束机制研究 [J].国际公关,2019（11）:208.

[45] 郭兆华,王超,张媛媛.物联网在智慧旅游中的应用与发展研究 [J].智能城市,2019,5（02）:9-10.

[46] 张向东.地方政府旅游突发公共事件应急管理研究 [J].经营管理者,2019（09）:72-73.

[47] 李文静.智慧景区中智能视频监控的应用需求 [J].中国安防,2020（10）:61-64.

[48] 闫星培.旅游景区交通管理措施研究——以五台山风景名胜区为例 [J].汽车与安全,2019（03）:68-74.

[49] 陈雨.共享经济下旅游者消费行为的变化及趋势分析 [J].旅游纵览（下半月）,2020（02）:175-176.

[50] 杨樨.推进共享旅游高质量发展研究 [J].现代商业,2020（14）:21-22.

[51] 杜娟.共享经济下旅游住宿消费行为研究进展与启示 [J].旅游纵览（下半

月）,2019（16）:23–24+27.

[52] 王合壮 . 共享经济下旅游业发展策略阐释 [J]. 商讯 ,2019（21）:93+95.

[53] 周少骞 . 共享经济模式下区域特色旅游产业发展策略研究 [D]. 广西大学 ,2019.

[54] 杨飞 ,李灵灵 .VR 技术在虚拟旅游的应用研究 [J]. 科技经济市场 ,2019（02）:25–26+95.

[55] 陈佳佳 . "虚拟旅游" 构成及其表现形式研究 [J]. 现代营销（下旬刊）,2020（01）:142–143.

[56] 邓捷 . 智慧旅游体系构建中人工智能技术的运用探究 [J]. 旅游纵览（下半月）,2020（04）:17–18.

[57] 王军 . 浅议人工智能技术在智慧旅游中的应用 [J]. 中小企业管理与科技（上旬刊）,2020（09）:173–174+177.

[58] 谢君 . 互联网 + 环境下的智慧酒店及其发展对策 [J]. 企业改革与管理 ,2020（09）:59–60.

[59] 徐宝群 . 大数据视域下的智慧酒店管理研究 [J]. 市场论坛 ,2020（07）:42–44.

[60] 张旭红 . 大数据环境下智慧酒店管理探讨 [J]. 现代营销（下旬刊）,2020（11）:30–31.

[61] 李秀丽 . 人工智能与智慧酒店的管理研究 [J]. 科技经济导刊 ,2021,29（05）:47–48.

[62] 章鋆 . 安徽省旅游公共服务体系智慧化建设研究 [J]. 内江科技 ,2021,42（03）:129+119.

[63] 白然 ,田敏娜 ,李庆生 ,苏杭 . 大数据时代智慧旅游城市建设探讨 [J]. 商业经济研究 ,2021（04）:180–182.

[64] 陆川伟 ,孙群 ,郭健 ,李爱光 ,彭泽峰 . 基于网页旅游攻略的旅行线路规划 [J]. 测绘学报 ,2015,44（S1）:117–122+128.

[65] 谢丹丹 . 马蜂窝 :旅游攻略背后的商业攻略 [J]. 中外管理 ,2013（11）:100–101.

[66] 李云鹏 . 我国旅游预订网站发展态势分析 [J]. 商业时代 ,2006（17）:74.

[67] 侯大银 . 旅游预订网站增值 [J]. 互联网周刊 ,2009（06）:58–59.

[68] 哈吉德玛 . 基于位置服务（LBS）的应用研究 [J]. 现代信息科技 ,2019,3（04）:61–62.

[69] 袁永卫, 郑迎春. 北斗全域旅游综合位置服务平台设计 [J]. 数字通信世界,2019（08）:12–14.

[70] 张雅彬, 陈兴, 时攀琳, 王方. 基于位置服务的智慧旅游研究述评 [J]. 技术与市场,2015,22（12）:332–333.

[71] 孙凯炜, 陈章旺. 微信营销视角下旅游景区的服务创新 [J]. 郑州航空工业管理学院学报,2014,32（05）:53–58.

[72] 王捷, 黄永丽. 基于 GIS 的旅游景区综合服务平台设计 [J]. 郑州轻工业学院学报（自然科学版）,2010,25（03）:114–116+124.

[73] 金思扬. 旅游分享及其在旅游产业发展中的作用 [J]. 广西社会科学,2020（10）:71–76.

[74] 朱竑, 蔡晓梅, 苏晓波, 何瑶. "晒"与"赞": 微信时代旅游体验的互动建构 [J]. 旅游学刊,2020,35（10）:96–108.

[75] 郭峦, 张艳娥. 旅游分享行为的影响因素: 基于微信朋友圈的实证研究 [J]. 创新,2020,14（06）:53–62.

[76] 阿布都那色·阿克要路, 普拉提·莫合塔尔, 布买儿燕·开里木, 木尼热·马木提. 基于网络游记的旅游目的地形象研究 [J]. 合作经济与科技,2020（03）:98–101.

[77] 赵东平. 突发自然灾害下旅游应急管理救护系统设计 [J]. 灾害学, 2020, 35（02）:171–176.

[78] 迟泽, 邱瑛. 旅游景区游客满意度提升对策研究——以大连发现王国主题公园智慧景区为例 [J]. 经济研究导刊,2020（29）:85–87.

[79] 齐泰恒. 2020 年上半年中国在线旅游市场数据报告发布 [J]. 计算机与网络,2020,46（20）:6–7.

[80] 吴燕. 中国综合型旅游预订网站模式探讨 [D]. 复旦大学,2008.

[81] 余汝艺. 虚拟旅游及其发展研究 [D]. 河南大学,2008.

[82] 杨莉. 我国虚拟旅游的发展与应用研究 [D]. 上海师范大学,2011.

[83] 杨森. 旅游管理专业本科人才培养模式研究 [D]. 辽宁师范大学,2012.

[84] 吴惠丰. 旅游网站的攻略文本生成模式探究 [D]. 南京大学,2013.

[85] 岳凤. 酒店智慧化管理研究 [D]. 云南财经大学,2015.

[86] 吴宏业. 智慧酒店运营系统的构建 [D]. 云南大学,2016.

[87] 杨小平. 智慧旅游视角下的景区游客管理体系研究 [D]. 三峡大学,2016.

[88] 张鹭旭. 旅游者的旅游 App 使用行为研究 [D]. 安徽大学,2016.

[89] 林旭云. "互联网 + 旅游"背景下从化旅游服务转型升级研究 [D]. 西南交通大学,2016.

[90] 卞淑娴. 共享经济下移动旅游 App 用户接受行为研究 [D]. 西安科技大学,2017.

[91] 陈瑛. 预订类旅游 App 用户初始信任影响因素研究 [D]. 杭州电子科技大学,2017.

[92] 倪金星. 智慧景区服务创新绩效评价研究 [D]. 南京师范大学,2017.

[93] 姚瀛. 云南省旅游突发公共事件应急管理研究 [D]. 云南大学,2018.

[94] 毕文升. 旅游高峰期景区游客时空分流管理研究 [D]. 合肥工业大学,2018.

[95] 包诗亮. 基于"云 + 端"模式的智慧旅游平台关键技术研究 [D]. 战略支援部队信息工程大学,2018.

[96] 王杰. 面向智慧景区的交通大数据服务平台 [D]. 浙江大学,2018.

[97] 郑丕珍. LBS 在旅游服务平台中的应用研究和示范 [D]. 江西师范大学,2018.

[98] 李季. 旅游景区数字服务平台的信息艺术设计体系建构与研究 [D]. 上海大学,2018.

[99] 颜稀. 庐山景区游客服务智慧平台研究与设计 [D]. 江西师范大学,2018.

[100] 付梦佳. 景区车辆智能调度系统研究 [D]. 湖南大学,2019.

[101] 郭碧君. 民族村寨旅游共享发展模式研究 [D]. 中南民族大学,2019.

[102] 卢飞. 我国在线旅游企业危机管理研究 [D]. 中南民族大学,2019.

[103] 毛海月. 基于感知维度下的特色文化景区服务设计研究 [D]. 西华大学,2019.

[104] 袁梦杰. 旅游涉入对旅游体验分享行为的影响研究 [D]. 东北师范大学,2019.

[105] 李小玲. 在线旅游平台服务补救对顾客忠诚的影响研究 [D]. 西北师范大学,2020.

[106] 宣子妍. OTA 在线预订顾客忠诚度的影响因素研究 [D]. 南京师范大学,2020.

[107] 杨熠. 微信朋友圈旅游经历分享对目的地旅游意向的影响 [D]. 暨南大学,2020.